D1269821

Joseph Roth
Briefe aus Deutschland

g

Reihe »Spuren«
Herausgegeben von Ralph Schock

Joseph Roth
Briefe aus Deutschland

Mit unveröffentlichten
Materialien
und einem Nachwort
herausgegeben von
Ralph Schock

Gollenstein

»*Die Menschen in der Straße sind wie Passagiere*
zwischen zwei Zügen.«

[Saarbrücker Zeitung, 14.10.1927]

»Diese falsche Mischung aus legendarischer Naivität und hochentwickelter Großaufnahmetechnik, die beide einander nicht gewachsen sind.«

»Ich habe nur eine einzige Sehnsucht:
fünf Minuten aufrecht stehen.«

»Als ob die Gewohnheit mit dem Schlimmen
schon das Gute entbehrlich machte!«

INHALT

WIE ES AN DER GRENZE
GEWESEN WÄRE

Ich hasse die »Grenze« zwischen zwei Ländern. Sie ist ein
viel zu weiter Begriff für die Realitäten, die sie bezeichnet.
Was ist eine »Grenze«? Ein Pfahl, ein Drahtgitter, ein Zollwächter, ein Visum, ein Stempel, ein Aufenthalt. Es sollten
Symbole sein und es sind Niederträchtigkeiten. Woher
kommt es aber, daß man an einem Wechsel der Zeichen den
Wechsel der Atmosphäre zu fühlen vermeint und daß man
hört, wie eine Tür zugeschlagen wird, sobald eine neue
Livree erscheint? Woher kommt es, daß mit der Ungültigkeit eines Visums, dem lächerlichen Strich eines gemeinen
Kopierstifts im Paß die Welt ein anderes Gesicht bekommt,
die Wehmut eines Abschieds in das Herz sich schleicht und
ihre Konkurrenz, die Wehmut der Erwartung?…
Unergründliche Torheit der menschlichen Seele, deren Tiefen jeder lästige Vorgang aufzurühren vermag! Ich wehre
mich, aber ich erliege ihm, wenn ich im D-Zug die Grenze
»überschreite«. Da fällt wie ein schwerer Zollschranken das
erste Wort der neuen Landessprache vor die letzte Bahnstation der ersten. Vier Hände bohrten in meinem Koffer. Jetzt
liegt er geschlossen wieder oben im Gepäcknetz – fertig. Fertig! ruft der Schaffner. Der Waggon hat einen andern Rhythmus, die Lokomotive zieht nach andern Melodien. Es gibt

Nationalhymnen der Eisenbahnen. Der Rahmen des Fensters verändert seinen landschaftlichen Inhalt. Eben enthielt er noch lächelnde Erde, Land mit Grübchen in den Wangen. Schon pressen sich Schlote, Nebel und Wälder in das gläserne Rechteck. Eben saß noch schräg mir gegenüber ein dunkler Herr, mit hängenden Schultern, mit schmalem Gesicht. Er las keine Zeitung, er blickte nicht aus dem Fenster, er sprach nicht mit mir, er sprach auch mit keinem andern. Das Ziel seiner Blicke lag außerhalb des Kupees, außerhalb der Landschaft, durch die wir fuhren, außerhalb der Stationen, an denen wir rasteten. Dennoch hielt sein Auge ein konkretes Ziel gefangen, kein Zweifel. Jetzt – wer sitzt jetzt mir gegenüber? – Ein Herr im hellen Mantel, mit breiten Schultern, mit einem weichen, gutmütigen Gesicht. Aber es versucht, strenge zu werden, so oft es sich mir zuwendet. An der Nasenwurzel faltet sich der Überschuß der Haut, die Augen rücken nahe zueinander. Lägen Brauen über ihnen, sie wären vielleicht wie Blitze. Da sie aber nackt sind, kommen sie wie unschädliches Wetterleuchten aus einem wolkenlosen Himmel.

Übrigens sind sie unruhig. Sie ergreifen eine verwirrende Tabelle des Fahrplans, rutschen aus, springen auf eine Zeitungsspalte, hüpfen von einem halben Leitartikel hinunter, klettern auf die glatte Fensterscheibe, scheinen nur sie zu sehen, nicht die Landschaft dahinter, als wäre Glas undurchsichtig, werfen sich ins Gepäcknetz, rollen über die Wände, wagen sich noch einmal verzweifelt auf die schlüpfrige Tabelle. Gleichzeitig stößt der Herr verschiedene Laute aus, er kann das Schweigen im Kupee nicht vertragen. Bemerkungen (wahrscheinlich patriotischer Beschaffenheit), Grundsätze, Meinungen stauen sich in seiner Kehle, ringen in seiner Mundhöhle nach akustischem Leben, endlich legt sich ein Satz auf seine Zunge und rollt hinaus in das feindliche Schweigen:

Zwanzig Minuten Verspätung hamm wer! – –

Fremdes Geld, nicht wertlos aber ungültig, knattert in meiner Hosentasche. Geld des Landes, das ich eben verlassen habe. Es erinnert an die Briefe der verlorenen Geliebten: nicht wertlos aber ungültig. Ich werde es in einen Umschlag legen, einen Bindfaden darüber, in die Schublade damit. Was hab' ich sonst in meinen Taschen? – Eine Zeitung in der fremden Sprache! Wie lang ist es her, daß ich selbst solche Worte sprach? Zehn Jahre oder länger. Schon ruft man heimische Zeitungen an den Stationen aus. Neue Tage haben angefangen, neue Berichte. Gestern liegt das verlassene Land. Schon rollen wir nach Heute und Morgen. Schon sind die Bahnhöfe Hallen und auf irgendeiner Seite darf man nicht absteigen. Mir entgegen saust ein Zug. Dahin, woher ich komme. Man könnte tauschen! – Nein! Man könnte nicht! Ich sitze in meinem Zug wie in meinem Schikksal. Nicht abspringen während der Fahrt! Hinauslehnen verboten, weil lebensgefährlich! Ich vergesse, daß ich hier freiwillig sitze – – und ich sitze hier vielleicht gar nicht freiwillig. Unerbittlich ist die Richtung des Zuges und seine Schnelligkeit macht ihn noch unerbittlicher.

Blick nach Metz

Nein! – Diesmal nicht! – Zwischen Frankreich und Deutschland liegt Lothringen auf dem Weg. Noch nicht Frankreich, nicht mehr Deutschland! Grenzland, Zankapfel, Kriegsursache, erobert oder verloren. Steige ich in Metz aus dem D-Zug, ist es, als ließe ich mir Deutschland langsam entgegengleiten. Ich steige in Metz aus dem D-Zug.

Ich habe mir hier ein Rendezvous gegeben, mit W., dem deutschen Schriftsteller, der in Metz geboren ist. Ein Grenzfall, dieser W.! Man streitet sich nicht um ihn, welche Mächte hätten sich schon je um einen lebenden Schriftsteller gestritten, vorbei ist das klassische Altertum, – und auch damals mußte ein Schriftsteller tot sein, damit man ihn umstritte, tot, mehr als tot, nämlich legendarisch.

W. ist keineswegs tot. »Lebend« ist ein zu schwaches Wort für den Zustand, in dem er sich befindet. *Lebendig* ist W.! Da steht er an der Bahn, breiter als ich, größer als ich, stärker als ich. Außerdem ist es noch, als repräsentierte er die Stadt Metz und als addierte sich ihre Gewichtigkeit zu seinen persönlichen Werten. Es ist ein feierlicher Glanz um ihn, wie er so dasteht in der Helligkeit des Eingangs, den Tag als Hintergrund, während ich aus dem Dunkel komme, aus einem Schlauch des Bahnhofs. Er hat ja kein öffentliches Amt, ich auch nicht! Er ist nur in dieser Stadt geboren, in

14

[Hermann Wendel, 1916]

»Keine Zeitung wird davon Notiz nehmen, daß wir uns
hier trafen, kein Photograph ist anwesend...«

ihren Straßen war er jung, also ist er in ihnen heimisch; mögen auch ihre Schilder französisch sein und seine Bücher deutsch. Wir sind keine Politiker, wir beide. Weit davon entfernt, von irgendwelchen Majoritäten beauftragt zu sein, haben wir doch irgendeinen Auftrag! Keine Zeitung wird davon Notiz nehmen, daß wir uns hier trafen, kein Photograph ist anwesend, unsern brüderlichen Händedruck in die Illustrierte zu bringen. Nichts ändert er für den Augenblick an dem Verhältnis zwischen den Ländern und Nationen. Dennoch fühlen wir beide für den Bruchteil einer Sekunde die heitere Feierlichkeit, die das Zusammentreffen des Wirtes mit dem Gast überglänzt. Ich fühle das Glück des Mannes, der hier zu Hause ist und der einen Gast an der Schwelle des Hauses begrüßt. Zwar werden wir in demselben Hotel wohnen, Zimmer an Zimmer. Aber mir ist's, als wohnte er im Rathaus, im Theater, im Festungsgraben und in den Kirchen, auf der Promenade und im Nachtlokal.

Nehmen wir einen Wagen, kein Auto – sagt W. – damit wir dann gleich spazieren fahren, ganz langsam. Alles wollen wir sehen. (Er meint: zeigen, aber zeigen ist ein dreifaches Sehen.)

In der Nähe des Bahnhofs ist die Welt neu und viel zu großartig! Das hat man zu Wilhelms Zeiten gebaut, Läden, ein Cafe, ein Hotel, öffentliche Gebäude. Die Läden haben große breite Schaufenster, der Glanz der Spiegelscheiben teilte sich ihren Waren mit. Diese Schaufenster zeigen nicht ihre Waren, sie prahlen mit ihnen. In diese Schaufenster legt

[Joseph Roth, 1926]

»*Abends Theater, kitschiger Zarewitsch, Publikum:*
Deutsche Kleinstadt in Pariser Kleidern. Merkwürdig
wenig Juden oder unjüdische Juden?«

man keine Ware, man »dekoriert« sie. Ein Apfel hinter ihrem Glas ist etwas anderes als ein Apfel in der Hand. Zwischen dem Gegenstand und meinem Aug' steht das Fenster, eine kalte durchsichtige Mauer. Sie ist aus Eis, nicht aus Glas! Die Schilder sind eine Art schwarzer Spiegel, wie man sie in der Unterwelt gebrauchen mag. Ihren Buchstaben glaube ich das Gold nicht. Die Häuser haben nicht Fassaden, sondern Etiketten, keine Wände, sondern prima Verpackung. Mißtrauisch gehe ich an sie heran, wie an die schlimmen Zigaretten in den teuren Aluminiumschachteln. Vielleicht sind sie besser als die Zigaretten, ich tue den Häusern unrecht. Sie haben Küchen aus Kacheln und Badezimmer und fließendes Wasser und englisches Klosett. (In den alten Häusern muß der Mensch im Schlafrock durch einen zugigen Korridor.) Aber weshalb genügte ihnen nicht Hygiene, wozu brauchten sie noch Pracht? Paradeuniform tragen sie jeden Tag, wo sind ihre Kleider? Das macht sie häßlich, die Kurfürstendämme aller deutschen Städte. Festlich wollten sie sein und sie stehen da wie verregnete Sonntage.

Wir fuhren durch eine Straße, in der links die Häuser standen, die nach 1870 gebaut worden waren, und rechts die alten heimischen Häuser. Die schmalen Fenster mit den hölzernen Rouleaus, graue zarte Gitter, ich liebe sie! Sie bestehen aus schmalen Brettchen, wie kleine Dächlein schräg geneigt, viele, viele übereinander. Zwischen ihnen sind schmale Streifen Luft, überdacht von den Brettern, die an Schindeln erinnern. Also blickt das Fenster aus vielen Spal-

18

ten und ist dennoch geschlossen. In die Zimmer dringt ein zarter gestreifter Tag und ein brauner gestreifter Dämmer. Niedrig, aber klar und rein sind die Stirnen der Häuser. In gleichen Abständen hält es seine Fenster, schöne maßvolle Disziplin. Unten, in der Mitte, wölbt sich das Tor, dunkelbraun, zweiflügelig. In einen der breiten Flügel ist eine viereckige Tür geschnitten, eine Tür für Wochentage. Dunkel ist der Flur, grün schimmert er am Ende, im Hof mag eine Linde stehen.

Aber da ist zur linken Seite diese Pracht, dieser Marmor aus Pflastersteinen, diese Atlasse, die keuchend einen Balkon tragen, weil er aus Stein ist und sie aus Gips zu sein scheinen, daneben ist roter Ziegel und falsche märk'sche Kraft und justament gewollte Vorsprünge, die innen Nischen bilden, Lauschigkeit aus Zehlendorf-Mitte und Jemiet aus Neukölln!... Kehren wir um, kehren wir um, Herr W.! –

Hier ist die Hauptstraße, sagt W. Immer, wenn ich fern von Metz bin, habe ich sie als eine große breite, unendlich breite Straße in der Erinnerung. Sie zu durchwandern muß viel Zeit kosten. Immer, wenn ich wieder da bin, ist die Straße kurz und klein und eng. Ich habe sie heute abgemessen. Sieben und ein halb Schritte breit – – – Und er sinnt nach.

Manches erinnert hier an Südfrankreich. Wenn die Sonne scheint, könnte es die Provence sein, Vienne und Arles. Sehen Sie das Theater! – sagt er. Ich sehe das Theater. Es ist niedrig und klein. Aber weil es niedrig ist, scheint es weit zu sein. Auch der Platz, auf dem es steht, ist klein. Aber

19

merkwürdiger Weise verschwenderisch. Sieht man das Theater an, tritt eine Stille ein. Es gehört zu den Häusern, die man atmen hört.

Wir kamen durch schmale Gassen, die an das Seineviertel erinnern. Die gleiche düstere Heiterkeit und dieselbe Jugend im Altern. Dieser Geruch, der aus Lagerräumen, Kanälen, Rattenlöchern, Wohnungen kommt und dennoch kein Gestank ist. Denn er ist durchsetzt vom Duft des Wassers. Wären diese alten Häuser breit und solide, sie wären tragisch in ihrer Dunkelheit, in ihrer Armut, in ihrem Alter. Aber sie sind dünn und luftig. Sie sind schmal und leichtsinnig. Sie sind die Bohemiens unter den Häusern.

Wir kamen an den Fluß. Veranden, Nester aus Holz und Glas hingen ins Wasser. Wäscherinnen wuschen unten, arme alte Frauen, aber heitere. Wäscherinnen können nicht traurig aussehen. Ihr Handwerk ist weiß und bunt. Ihr Element ist das Wasser und Wasser ist fröhlich. Wir kamen an ein altes Stück Festungsgraben. Daneben muß eine Kaserne gestanden haben, ein Posten war da, ich erinnere mich nicht, weshalb. W. ließ den Wagen halten. Sehn Sie! – sagte er – und wir beugten uns hinab, das ist mein Graben. Der Posten sah uns an. W. hatte Lust hinunterzuklettern. Zwanzig Bücher hat er geschrieben. Groß, stark und breit ist er. Die Welt nimmt ihn ernst. In den Graben wollte er. Klettern wollte er.

Drüben – sagt W. – ist ein geschlossener Park, eine Insel. Die deutsche Behörde sperrte ihn eines Tages ab und erlaubte den Zutritt nur den Angehörigen der Offiziere und der höheren Beamten. Dann kamen die Franzosen, die doch sonst gar nicht so sind! Aber sie behielten das Verbot. Ein Posten steht vor dem Park. – Wenn man, denke ich, das Unglück hat zu siegen, ist man eben »so«.

Hier ist mein altes Stammcafé, sagt W. Wir traten ein. Der Wirt begrüßt W. Wieder im Land? – sagte der französische Lothringer zum Deutschen. »Im Land« – sagte er, und das hieß hundertmal mehr als »Vaterland«. »Land«, Land allein, *pays* nicht *patrie*, Land ohne jede »Verpflichtung«. Dieses Wort kann es ertragen, allein zu stehen. Es enthält Wälder, Wind, Häuser, menschliche Beziehungen und nicht: einen Paß, einen Mahnzettel der Steuerbehörde, einen Einberufungsschein für Reservisten.

Hierauf bat ich W., mir *Menschen* zu zeigen.

Zwei Feinde

Da ist der Abbé R. – sagte mein Freund – ein französischer Chauvinist, ein Reaktionär und, wie Sie sehen, ein Klerikaler!

Ich bin kein Chauvinist – erwiderte der Abbé.

Der Abbé trug diesen Protest nicht mit Pathos, nicht mit Entrüstung, nicht gereizt, nicht erbittert vor. An dem selbstverständlichen Klang der Worte glaubte ich zu erkennen, daß er nicht zum erstenmal gegen diesen Vorwurf protestierte.

Vielmehr dürften sowohl der Vorwurf meines Freundes als auch die Antwort des Geistlichen bereits in den eisernen Bestand der Zwistigkeiten übergegangen sein, mit denen beide ihre Bekanntschaft bestritten, die immer wieder an das respektable Alter ihres Verhältnisses erinnerten und die es wahrscheinlich sogar festigten. Sowohl der Vorwurf als auch die Replik waren ernst gemeint. Da aber ihre Melodie schon alt war, sahen beide Männer so aus, als ob sie sich neckten. Ein Streit, der ein gewisses Alter erreicht, hat unter Männern dieselben Folgen wie eine Verständigung. Er glänzt beinahe wie ein Frieden.

Der Abbé war noch größer, stärker, breiter als mein Freund. Er schien in der Hauptsache aus zwei Elementen zu bestehen: aus Blut und Fröhlichkeit. Zwei Tätigkeiten hatten seinen Mund gebildet: Lachen und Reden. Über dem eng geschlossenen Kragen seiner Soutane war sein Gesicht noch breiter, runder, voller und röter. Er hatte die Stirn eines Mannes, der viel und zielbewußt gelernt hat, und die kräftige runde Nase eines Bauern. Sein Kinn lag eingefaßt im Rahmen des Doppelkinns. Seine Haare waren schwarz, seine Stirn weiß, seine Wangen rot, seine Augen groß, hell und grau. In ihnen wohnte eine fangende Klugheit, die ebensogut das Erbteil des Bauern, wie die Gewohnheit des Geistlichen sein konnte. Erhob sich der Abbé aus seinem Sessel, so war außer ihm nur noch wenig im Zimmer übrig geblieben. Ging er mit mir durch die Straße, so kam ich mir vor wie ein Komma neben einem Baum.

[Metz, Rue Serpenoise, um 1927]

»*Dieser Geruch, der aus Lagerräumen, Kanälen, Rattenlöchern,
Wohnungen kommt und dennoch kein Gestank ist.*«

»Immer, wenn ich fern von Metz bin, habe ich sie als eine große breite, unendlich breite Straße in der Erinnerung.«

Tranken wir beide, so sah es aus, als ob ich nippte, und
sprachen wir miteinander, so war es, als ob ich flüsterte.
Hundert Menschen grüßten ihn. Jeden Augenblick schwang
er seinen französischen Geistlichenhut, der so aussieht, als
wenn ein weicher Schlapphut erstarrt wäre. Der Rand
ist breit und hat einen kühnen Schwung, und in der Mitte
wölbt sich sehr sanft eine breite Kuppe. Der Abbé grüßte
leutselig. Immer wieder wollte er mich verhindern, mit zu
grüßen, wenn wir gegrüßt wurden. Herr Abbé, sagte ich,
meine größte Sünde ist die Höflichkeit.
Sein Haus ist einfach, seine Zimmer sind fast kahl. Er füllte
sie mit lateinischen Zitaten. Mit Versen von Horaz. Mit Witzen. Mit Anekdoten aus seiner Militärzeit. Mit Mirabell,
dem heimischen Schnaps. Bei ihm habe ich den besten ge-
trunken. So vortrefflich war er, daß ich nach drei Gläschen
glaubte sagen zu müssen: Sie erinnern mich an Balzac.
Damit ich nicht mehr sage, ließ er mich noch drei nehmen.
Meine Meinung änderte sich, aber ich äußerte sie nicht, daß
er nämlich an Rabelais erinnere. Den liebt und liest er oft.
Er zeigte mir das Haus, in dem Rabelais gewohnt hat. Jetzt
wohnt in diesem Haus ein Küfer. Er hat seine Werkstatt in
dem verfallenen Raum, es war einmal eine Kapelle. Es gab
da eine finstere morsche Treppe mit hohen Stufen. Ich
möchte wissen – sagte der Abbé – wie oft der Rabelais her-
unterfiel, wenn er betrunken nach Hause kam. – Alle Häuser öffneten sich meinem Führer. Er machte immer wieder
fremde Türen auf, Klöster, Waisenhäuser, Museen. Immer

rief jemand erfreut: Oh, Herr Abbé!… Und der Abbé ging weiter, seine Soutane wallte angestrengt, als hätte sie Mühe, Falten zu werfen und den breiten Schritten nachzukommen, und ich war daneben wie ein Komma neben einem Baum.

*

Ich habe auch Herrn K. kennengelernt. Bei Ausbruch des Krieges war er verhaftet worden, eingesperrt, verhört, in ein Lager gesteckt, enthaftet, überwacht, noch einmal verhaftet, noch einmal überwacht. Obligater französischer Schnurrbart. Obligater schwarzer Anzug. Obligate steife Hemdbrust. Obligates Bändchen der Ehrenlegion, das übrigens nur wenige Lothringer haben. Ein einfacher alter Herr, der Frankreich liebt und Deutschland wahrscheinlich nicht. Aber während er mir seine Geschichte erzählte, rückte der politische Anlaß seiner Leiden in jene offizielle und abstrakte Gegend, in der »Geschichte« entsteht. Übrig blieb ein schwarz bekleideter Mensch, ein grauer Schnurrbart, ein altes Gesicht, der warme Klang einer Stimme, die Leiden berichtet und die an stilles Wasser erinnert. Ich saß in seinem Büro. Auf seinem alten, überlasteten Schreibtisch lagen die gelben Papiere, die Politik enthielten, und Staub, Staub, das wichtigste Element des Papiers. In drei Jahren wird diese Politik Staub sein. Man wird neue Papiere beschreiben müssen. Einmal wird dieser Mann tot sein, und ein anderer wird an seiner Stelle sitzen und Papiere beschreiben und Leid erdulden und Haß fühlen und vielleicht Kampf erzeugen. Aber befreit einmal den Namen eines Feindes von den Assoziationen, die seinen Klang begleiten – und was bleibt übrig? Ein alternder Mann – auch du und ich werden einmal alte Männer sein, würdige dunkle Kleider tragen und graue Schnurrbärte. Begebt euch nur in die Höhlen der Löwen! In den Höhlen sind sie keine Löwen. –

[16.11.1927]

BAHNHOF VON SAARBRÜCKEN

Am Nachmittag fuhr ich nach Saarbrücken.

Man kommt eine Stunde später an, als man sollte. Die Uhr ist vorgeschoben. Mitteleuropa hat angefangen. Es scheint auch, daß es dunkler geworden ist, mehr Abend. Vielleicht ist es keine Täuschung, und die Zeiger so vieler Uhren, Milliarden Zeiger können die Dämmerung verdichten.

Der Bahnhof von Saarbrücken ist der traurigste aller Bahnhöfe, in denen ich jemals ausgestiegen bin. Man sieht, daß er einmal kleiner war und erweitert werden mußte. Aber man brachte übersichtliche Tafeln an und zwang ihn zur Ordnung, obwohl er geneigt ist, sich zu zerstreuen. Ein Bahnhof, der selbst fährt; gewissermaßen aus seiner eigenen Haut. Ein Bahnsteig ist aus sich hinausgerückt und hat einen neuen Bahnsteig gebildet. Unterabteilungen! Ost und West! Über vielen Treppen, die zum Ausgang führen, stehen warnende Tafeln: Kein Ausgang! Es klingt wie: *Trotzdem kein Ausgang!*

Alle Bahnhöfe der Welt (mit Ausnahme der Schweizer, die elektrisch sind und mancher russischen, die ein Stück Natur sind) dunsten grau und schmutzig. Dieser Bahnhof ist grauer als grau. Jeder Bahnhof erzeugt seinen eigenen Schmutz vermittels seiner Lokomotiven. Dieser Bahnhof aber ist nur ein kleines Werk – und verhältnismäßig das sauberste – unter großen Werken. Rings um ihn entstehen unaufhörlich Eisen und Stahl, dampfen, flackern, glühen die Hochöfen. Tief unter ihm gräbt man Kohle. Gestank der Lokomotiven? – In dieser Gegend der harmloseste, beinahe ein Parfüm! Ringsum hat die Erde Ritzen. Aus den Ritzen dampft es Pech und Gestank. Bunte Bahnsignale? – Farblos und blaß sind sie im Vergleich zu dem Feuerwerk, das die Öfen gegen den Himmel hinauf regnen. Tunnels der Züge, finster und bedrohlich? Lichte Wege sind sie im Vergleich mit den Schächten, durch die Tausende Menschen zur Kohle steigen. Dieser grausame Bahnhof ist für den heimkehrenden Arbeiter die *place de la Concorde*. In mir aber leuchtet noch die wirkliche *place de la Concorde*. Es ist also mein finsterster Bahnhof.

Er steht gewissermaßen in einem Hof, eine halbe Mauer versucht, ihn abzugrenzen, er hat ein Tor wie eine Festung. Draußen noch eine Filiale: eine lange schmale Baracke mit Kassenschaltern. Vierte Klasse. Es scheint, daß der Bahnhof die Passagiere durch die Baracke durchzieht wie ein Seil durch ein Kanalrohr. Passagiere vierter Klasse zerfallen nicht leicht in Individuen. Sie sind eine weiche Masse, der Raum bestimmt und verändert ihre Form.

Über dem Bahnhof mitten in der Nacht leuchtet eine Uhr, gelb und böse, der Mond der Zeit.

Es ist halb sechs Uhr abends. Donnerstag. Oktober. Ich gehe in die Stadt.

SAARBRÜCKEN
Hauptbahnhof.

»Vom Hauptbahnhof. Nachdem nunmehr auf dem Hauptbahnhofe
in Saarbrücken der neuerbaute, vom Eingangstunnel nach dem
Bahnsteig 1a führende Aufgang in Betrieb genommen ist, können
die Reisenden, die die auf Bahnsteig 1a abfahrenden Züge benutzen
und bisher als Zugang den östlichen (Pfalzbahn) Tunnel benutzen
durften, vom 8. November 1927 ab als Zugang zu diesem Bahn-
steige nur noch den Mittel-(Eingangs-)Tunnel benutzen.«
[Saarbrücker Zeitung, 6.11.1917]

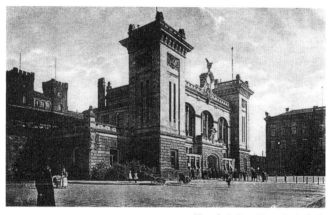

[Saarbrücker, Hauptbahnhof]

»Ein Bahnhof, der selbst fährt;
gewissermaßen aus seiner eigenen Haut.«

Rekognoszierung am Abend

Es ist Donnerstag. Oktober. Sechs Uhr abends. Ich gehe vom Bahnhof in die Stadt.

Die Stadt sieht aus wie eine Fortsetzung des Bahnhofs oder wie ein Zugang zu ihm. Die Menschen in der Straße sind wie Passagiere zwischen zwei Zügen. Sie gehen und stehen auf den Bürgersteigen wie auf Bahnsteigen. Bald müssen ihre Züge kommen. Sie werden wegfahren. Der Himmel wölbt sich über ihnen wie eine gläserne Halle. Die Bogenlampen scheinen an ihm festgeschraubt zu sein. Sterne enthält er auch, aber zu Zwecken der Täuschung und damit man ihn für einen Himmel halte. Er aber ist ein Plafond. Die Glasindustrie ist ja so stark im Saargebiet. Sie erzeugt siebzehn Millionen Kilogramm Flaschenglas im Jahr, drei Millionen Kilogramm Weißhohlglas und vier Millionen Quadratmeter Fensterscheiben. Warum nicht auch Himmel für Saarbrücken, solide, unzerbrechliche Tag- und Nachthimmel? Die Wolken und die Blitze, die Morgen- und die Abendröten kommen aus den Hochöfen, die Donner dieses Landes entstehen unter der Erde, wenn Kohle und Gestein gesprengt werden, und die Götter sitzen in den Büros und ihrer sind viele.

So heißt die Hauptstraße von Saarbrücken mit Recht Bahnhofstraße. Sie enthält die Warenhäuser und die größten

Läden dieses Landes, sie hat Schienen, Straßenbahnen, Taxameter und Privatautos. Ihre Häuser sind meist jung und die älteren haben verjüngende Fassaden. Die Schaufenster sind hoch, tief und weit, sie sind beinahe wie Bühnen, großstädtische Schaufenster. Zu gewaltig im Verhältnis zur Stadt. Die Reklame eilt den Tatsachen voraus. Das ist ihre Aufgabe. Sie verbreitet Licht. Das liegt in ihrem eigenen Interesse. Aber sie verdient dennoch Dank. Denn in einem Land, in dem Industrie und Technik den Ernst des Lebens dem des Todes annähern, ist der Commerce fast eine heitere Angelegenheit, ein Spiel mit Waren und Geldscheinen. Im Vergleich zu einem Hüttenwerk ist das Warenhaus ein Amüsierlokal.

Wenn die Arbeiter aus ihren Höllen kommen, bleiben sie gerne vor dem Glanz der Schaufenster. Die Preise sind hoch, aber das Licht ist billig. Ich weiß aus eigener Erfahrung, daß der Luxus eines Schaufensters die Armut nicht in dem Maß verbittert, wie es der Schriftsteller manchmal darstellen muß, wie ich es selbst manchmal darstellen muß. Es gibt Augenblicke im Leben des Armen, in denen er vergißt, daß er nicht kaufen kann. Man steht vor der unerreichbaren Majestät eines Winterrocks, der mit praller Eleganz auf den breiten Schultern der Modepuppe ruht, befriedigt und angeregt wie bei der Ankunft eines Kaisers oder dem Begräbnis eines Generals, weiß, daß da Dinge sich abspielen, die einem immer fremd sein werden, und hat dennoch sein Elend vergessen. Eine Art Spieltrieb ist manchmal stärker als der Hunger. Wenn dem nicht so wäre, es gäbe kein Schaufenster mehr, kein Gesetz schützte es vor Zertrümmerung.

Da stehen sie nun in der Bahnhofstraße, die Menschen, die sechs Kinder haben und sechshundert Francs im Monat, und sehen die Läden der Juweliere und der Uhrmacher, der Delikatessenhändler und der Konfektionäre und der Kürschner. Nach einer oberflächlichen Schätzung stelle ich fest, daß schlechte Textilwaren billiger sind als in Deutschland und teurer als in Frankreich. Luxusgegenstände scheinen teurer als in Frankreich zu sein. Kleider, Hüte und Schuhe sind, auch wenn französischer Herkunft, teurer als im lothringischen Grubengebiet. Ebenso billig wie in Frankreich sind Koffer zum Beispiel. (Aber ein Bergarbeiter macht keine Weltreisen.) Dieses Land kann billige Waren aus Frankreich beziehen, aber die Kaufleute zahlen viel mehr Steuern als in Frankreich. Dennoch gibt es auch schon Strümpfe zu drei und vier Francs, Hemden zu zwölf bis zwanzig Francs, Mäntel zu zweihundert Francs, Hüte zu zwanzig Francs. Die Läden sind nicht leer, aber die Anwesenheit der Kunden ist kein Beweis für einen guten Geschäftsgang. Es ist Abend, aus allen kleinen Städten der Umgebung sind die Leute nach Saarbrücken gekommen. Gestern war Zahltag und der Winter steht vor der Tür. Man kauft, aber das Billigste und mit Bedacht. An den billigen und allzu bedächtig gekauften Waren aber verdient der Kaufmann so wenig, daß ich ihm das Recht zugestehe, von seinen schlechten Zeiten zu sprechen – obwohl ich weiß, daß ihm seine Natur verbietet, jemals die guten zu erwähnen.

Man rüstet, wie ich aus der Zeitung sehe, zu einer Modeschau und zu einem Schaufensterwettbewerb. Auch kein Beweis für gute Zeiten, im Gegenteil. Man muß die Kauflust reizen und die Kaufkraft zu Leistungen zwingen, die ihr nicht gemäß sind. Man muß den Leuten einreden, daß notwendig sei, was sie für überflüssig hielten. Heute schon konkurriert das Licht der Schaufenster mit den Bogenlampen.

Es sind so viele Menschen in der Straße, daß man sie einen Augenblick für fröhlich halten könnte. Aber sie ist nur geschäftig. Der Geruch der Kohle ist stark wie ein Schicksal, die Luft ist fett und klebrig, ein kurzer Aufenthalt in der Straße und die Hände sind schmutzig. An den Knöcheln setzt sich braun-grauer Kohlenstaub an. Die Handteller sind grau, als hätte man zehn Waggontüren zugemacht. Ein schmaler Rand aus fettem Schmutz säumt die Manschette ein. Das Taschentuch, mit dem ich über das Gesicht fahre, ist grau. Die Gesichter sind gelb. Das sind nicht die Farben der Fröhlichkeit.

*

Dann schließt man die Läden. Es wird dunkel. Man sieht auf einmal, daß die Bogenlampen zu hoch hängen. Die Menschen haben sich verloren. Es beginnt zu regnen, als hätten die Wol-

36

DIE ELEGANTE **GESELLSCHAFTS-KLEIDUNG**

Perlkleider in Crêpe Georgette, in allen lichten Ballfarben . . . . . 195,— 145.—	**98**⁰⁰
Hoch- elegante **Crêpe-Georgette-Kleider** mit Paillette u. Perlen besetzt . . . . 375,—	**295**⁰⁰
Hochmod. Ballkleider mit Paillette und Frassen, garniert 695,— 595,-	**495**⁰⁰
Taffet-Stilkleider mit Perlen besetzt	**498**⁰⁰
Crêpe de Chine-Kleider mit Perlen besetzt	**145**⁰⁰
Crêpe de Chine-Kleider mit Seiden-Spitze	**148**⁰⁰
Crêpe de Chine-Kleid mit Silber-Spitzen-Einsatz	**245**⁰⁰
Hochelegante schwarze **Gesellschaftskleider** mit Spitzen od. Similisteinen besetzt	**595**⁰⁰
Eleg. Crêpe de Chine-Schals handgestickt . . . . . 295,— 195,—	**145**⁰⁰

Tanzkleider
Abendkleider
Eleg. Ansteck-Blumen

Beachten Sie unser Spezialfenster!

S. A. **ISRAEL** & Co.

H. m. b. H.   7789c

Saarbrücken 3   Bahnhofstraße 72

[Saarbrücker Zeitung, 20.10.1927]

[Volksstimme, 13.10.1927]

»Man muß den Leuten einreden, daß notwendig sei,
was sie für überflüssig hielten.«

ken bis zum Geschäftsschluß gewartet. Es regnet Einsamkeit, Bitternis, schmutziges Wasser, Heimweh nach dem Kino. Selbstverständlich spielt man dort den »Faust«. Ich kenne ihn bereits. Den großen Werken nationaler Filmkunst immer wieder auf ihrem Siegeslauf durch die Welt zu begegnen ist mir von Gott verhängt. Chaplins »Goldrausch« sah ich nur einmal. Aber in Leningrad traf mich der Nibelungen-Film, in Paris »Metropolis«, in Saarbrücken der »Faust«. Dabei regnet es immer. Ich habe alles noch frisch im Gedächtnis, es ist die grausamste Gehirnpartie: den Engel aus Pappendeckel und Schwanenpelz, den mysteriösen Nebel, der die Metaphysik der Branche ist, Faustens Bart aus grauer Holzwolle und Gretchens Zöpfe aus dem Flachs, den sie selbst gesponnen; diese falsche Mischung aus legendarischer Naivität und hochentwickelter Großaufnahmetechnik, die beide einander nicht gewachsen sind; diese fortwährenden mühevollen Anleihen beim Urnebel, der deutschen Mystik im Filmatelier; dieses Bestreben, es nicht billiger zu geben als mit Himmel, Erde, Pest, Gotik, Hölle: Elemente, die naiv behandelt werden sollten, aber im deutschen Film natürlich pathetisch werden; und kurz und gut, um in der Sprache der Branche zu reden: aufgewachsen beim Hexeneinmaleins! Diesen Faust soll ich nun noch einmal sehen, in Saarbrücken, weil es regnet. Mir bleibt nichts erspart. Ich werde in ein Kaffeehaus gehen.

Diese Schlagsahne ist nicht von Pappe! Sie türmt sich, ballt sich, schwimmt, steht, verändert sich, und das alles gleichzeitig. Sie erinnert an jenen Urnebel. Sie ist wie ein Schnee und wie das Material, aus dem Schwäne gemacht werden, Urschwanol. Sie ist wie Zucker und wie Alpen, wie Watte und wie Seife. Soll man sie essen, sich mit ihr waschen oder sie besteigen? Zwanzig Menschen ringsum essen sie. Man trinkt Kaffee und bricht enorme Kuchenklumpen entzwei und hört die Musik. Sie spielen das Lied von der Wolga mit dem Elan, den die Kapellen nur erwerben, wenn sie lange Zeit Militärmärsche geübt haben. Dieses Lied aber erinnert an einen süßen Likör. Ißt man dabei so etwas Substantielles wie Kuchen, Kaffee und Schlagsahne, so kommt in das Angesicht ein Zug von behaglicher zufriedener Wehmut, ein Schmerz, bei dem es einem gut geht. Die Augen aller essenden Menschen schweifen irgendwo an der Wolga herum und gleichzeitig erscheint in ihnen jener bestimmte ausdruckslose Glanz, der die Verdauung begleitet. Was mögen das für arme Menschen sein? Kleine Kaufleute, kleine Angestellte, kleine Beamte. Manches einsame Mädchen sitzt hier, schon sitzen gelassen oder noch nicht – und zwischen beiden Zuständen ist so wenig Unterschied! Wenn sie nicht bald ein paar Männer herangezogen haben, werde ich zu weinen anfangen, so traurig ist das Leben. Sie sitzen da wie verregnete Kleider. Ihre abgeschabten Mäntel, ihre engen Kostüme wollen sie nicht ablegen. Sie tun so, als wären sie für einen Augenblick hereingekommen, um ein wenig auszuruhen auf dem Weg vom Geschäft zum Haus, einen Kaffee zu trinken und einen Blick in die Zeitung zu werfen. Aber das Lied von der Wolga macht sie so wehmütig und die Schlagsahne ist so gut süß und das Licht und die Wärme machen sie heimischer als das eigene Heim, und schließlich kann man, weiß Gott, noch eine Bekanntschaft machen. Ach, macht sie nicht, liebe Mädchen! Je länger ich die Frauen und die Männer ansehe und vergleiche, desto größer wird meine Angst, sie könnten sich ineinander verlieben. Wenn sie bald ein paar Männer herangezogen haben, die Mädchen, fang ich an zu weinen. Denn die Liebe könnte noch trauriger ausfallen als das Leben.

Wenig Menschen sprechen miteinander. Solange die Musik spielt, schweigen die meisten. Woran denken sie? Sie sehen nicht so aus, als ob sie dächten. Bestenfalls denkt etwas in ihnen. Gebilde, Gedanken ähnlich oder Hochzeits- und Begräbnisgefühlen, schweben ziellos durch ihre Köpfe, embryohaft, entwickeln sich nicht, verschwimmen, verschwinden. Alle Menschen sehen aus wie vor dem Einschlafen. Zwei Stunden und länger können sie so dasitzen und nichts mehr tun als essen und Musik hören. Sie entspannen sich dabei. Sie warten auf den Zustand, den sie »Bettschwere« nennen, und rufen ihn herbei durch einige Becher hellen oder dunklen Bieres, die auf weicher, leiser Filzpappe aufmarschieren, wie in Pantoffeln. Wie geschäftige, etwas kühle und stückweise entlohnte Schutzengel gehen die weißen Kellner von einem Schläfrigen zum andern und singen ihm die Rechnung vor. Und die Münzen klimpern ein bißchen wie Harfen.

Ober, zahlen!

Ich gehe die Hauptstraße entlang. Ich habe irgendwo gehört, daß Saarbrücken aus drei Städten entstanden ist. Sie ist nicht alt, diese Stadt. Vor zwanzig Jahren erkannten die Einheimischen noch jeden Fremden auf der Straße. Ging einer vorbei, so sagten sie: Jetzt muß ein Zug gekommen sein. Noch heute betrachten sich die Alten nicht durchwegs als Saarbrücker. Jeder hält seinen Stadtteil für seine Stadt. Als man vor dem Kriege Wilhelm I. ein Denkmal setzen sollte, stritten sich zwei Stadtteile darum. Schließlich stellte man es mitten auf die Brücke, die beide alte Stadtelemente verbindet. Dort stört es jetzt den Verkehr – und das ist schließlich noch das Harmloseste, was ein kaiserliches Denkmal tun kann. Geht man die Bahnhofstraße bis zum Ende, so merkt man deutlich die zeitliche und die räumliche Ungleichmäßigkeit. Da werden die Häuser ärmer, älter und edler. Da weitet sich ein schöner Markt, da steht ein Brunnen, da tun sich schmale, warme Gäßchen auf. Arme Leute wohnen hier. Keine größeren Cafés mehr oder nur wenige. Konditoreien. Bogenlampen seltener und dunkler. Restaurants kleiner, wärmer, lauter. Ein Kabarett. Man trinkt Bier. Zwei Tänzerinnen. Ballett. Nicht mehr jung, charmant. Charmant in der primitiven, ehrgeizlosen Ausübung des Fußwerks. Kunst und Art sind aus den Jahren der letzten Walzer. Welch ein rührender Schimmer aus der Vorkriegszeit! Über dem ganzen Kabarett liegt dieser legendarische Glanz. Am Ende ist es eine alte Photographie. Hier brachen meine 21 Jahre ab, hier fühle ich mich

9. - SAARBRÜCKEN. · Partie bei der alten Brücke

[Saarbrücker, 1924]

»*Schließlich stellte man es mitten auf die Brücke,*
die beide alte Stadtelemente verbindet.
Dort stört es jetzt den Verkehr – und das ist schließlich
noch das Harmloseste, was ein kaiserliches Denkmal tun kann.«

wieder heimisch (mit Maß). Als ob es kein Trommelfeuer in meinem Leben gegeben hätte! Nichts! Ausgelöscht! Ein Jahr nach dem Abitur… Manche Effekte grob. Der Humorist ein hilfloser Witzbold, kräftig und echt in der Wahllosigkeit und im Unvermögen, in der Entrücktheit aus der Zeit. Wenn er aktuell wird, ist er der Gegenwart noch ferner. Am Ende ist er nicht da. Ich sehe ihn durch ein Teleskop. Ich höre ihn aus einem Grammophon. Echte Neger wären mir vielleicht lieber. Aber hier gibt es nur falsche. Wenn die Zivilisation (und die provinzielle) Großstadt-Urwald spielt, klingt es traurig. Lieber sind mir zehn Jahre Vorkriegszeit. Seliges Kabarett! Die Sonne, an der wir damals noch den Platz hatten, leuchtet über dir!…

Ich gehe weiter. Ich gelange in ein Restaurant, in dem eine Art von Bayern oder Tirolern Musik macht, in Hemdsärmeln, Juchhei, Juchho, Juchheidideldei! Ganze Familien sitzen hier, gehobenen Standes. Mit Hund, Kind und Kegel. Die Männer schwanken, wenn sie aufstehen. Wären sie betrunken! Aber dem Rausch sind sie so ferne wie der Verliebtheit. Sie schwanken, weil sie schwer sind. Der Alkohol geht nicht in ihren Kopf, in die Beine rinnt das Bier. Die Frauen, mager, abgehärmt in dunklen Mänteln, sehen aus wie ernste Zugtiere, vor die Männer gespannt. Noch lachen ein paar junge Mädchen, sie sitzen mit jungen Männern am Tisch. In zehn Jahren werden sie sich vor diese Männer spannen, um sie heimzuziehen. Juchhe, Juchho, Juchheidideldei!

Oder werden sie in zehn Jahren schon Autos haben? Mechanische Heimbeförderung Alkoholbeschwerter? So scheint es. Diese Stadt wächst rapide. Jenes Kabarett und jene Tiroler sind ihre Reminiszenzen. Dieser Boden, auf dem wir jetzt jodeln, ist hohl. Seit fünfhundert Jahren gräbt man Kohle unter unsern Füßen. In dieser Stunde sprengt man achthundert Meter unter uns das Gestein und, kaum ein paar Kilometer von hier entfernt, flammt es rot, weiß, bläulich gegen den Himmel. Hier entsteht Elektro- und Edelstahl. Hier entstehen geschweißte Rohre und nahtlose Rohre. Riffelbleche und Rohblöcke. Eisenbahnschienen und Brammen. Knüppel und Platinen. Ein einziges der Saarhüttenwerke erzeugt in einem Monat 33000 Tonnen Roheisen und 37000 Tonnen Stahl. 37000 Tonnen Koks und 28000 Tonnen Walzware. Hier klingt eine ganz andere Musik, hier gibt es ganz andere Spektakel. Flüssiges Eisen prasselt in Kessel. Glühende Drahtschlangen winden sich zischend über krumme Bahnen. Zyklopische Hebel stoßen mit ungeheurem Geratter auf und nieder. Überdimensionale Räder pfeifen wie Stürme bei Weltuntergang. Es ist Mitternacht. Dichte, schweigsame, finstere Gruppen gehen zur Bahn. Nachtschicht. Man hört nur die knirschenden Schritte auf nassen Steinen und sieht nur die glimmenden Zigaretten in Mündern und Händen. Lokomotiven heulen.

Es regnet.

[22.11.1927]

UNTER TAG

Lieber Freund,

ich hätte gewünscht, Sie wären mit mir gewesen, damit ich sehe, wann wir einander zustimmen und wann wir auseinandergehen. Deshalb schreibe ich Ihnen heute noch, etwas unbesonnen und formlos: auf der Rückseite eines Plakats und mit Bleistift, in der Ecke eines Wirtshaustisches, an dem außer mir noch fünf Menschen sitzen, vier Männer und eine Frau. Sie kümmern sich nicht um mich, obwohl sie so aussehen, als hätten sie nichts anderes zu tun. Sie sprechen auch nichts miteinander. Unaufhörlich stellt man neugefüllte Biergläser vor sie hin. So schweigt es auch an allen anderen Tischen. Die kleine Schankstube ist voll, aber sie erinnert an ein Panoptikum am Vormittag. Ein hübsches Mädchen trägt die Biergläser aus. Auch es ist schweigsam, so daß es unnahbar aussieht. Einige Männer rauchen. Der blaue Rauch verstärkt noch die Schweigsamkeit, er ist der visuelle Ausdruck der Stille.

Mein lieber Freund, nach diesem Gestern ist die heutige Stille doppelt grausam. Von drei Uhr nachmittags bis zehn Uhr abends war ich sechshundert Meter unter der Erde, in einer Kohlengrube. Die Grube steht in französischer Regie. Ich war angekündigt. Der französische Verwalter empfing mich.

Er sprach deutsch. Er war freundlich, kurz und sachlich. Er sprach sofort, ohne Einleitung, vielleicht wollte er Fragen vermeiden. Wozu aber hatte er mich in sein Büro kommen lassen? Wahrscheinlich, um mich anzusehen. Ich hatte einen Augenblick das Gefühl, daß ich gemustert werde. Keineswegs unangenehm! Der Mann sieht aus weichen, dunklen Augen; sie streichelten mehr, als sie blickten. Dann unterschrieb ich ein Formular, Verzicht auf eine Entschädigung, wenn ich untergehen sollte, ein Pendant zu einem Testament. Geht man wirklich unter, so bekommt solch ein Papier eine Bedeutung, wird von der Grubenverwaltung mit einer gewissen tragischen Satisfaktion meinem Rechtsanwalt vorgelegt, und die Erben krepieren dank meinem Wissensdurst. Hierauf ging ich den Steiger suchen, er begegnete mir schon im Hof, blaß, schwarzhaarig, im Kostüm des Bergarbeiters, randlose Mütze, schwere Stiefel, schwerer Stock ohne Krücke, mit metallenem Knopf. Wir gaben uns die Hand, es sah ein wenig aus wie ein Bündnis. Ich ging in eine Badezelle. Ein Stuhl, eine Wanne, Kleiderhaken, ein kleiner Spiegel über einem nackten Brett, ein Fenster. Sehr warm. Ein Mann bringt mir Kleider, Grubenuniform. Eine kegelförmige Mütze, schwer, grünlich, aus einem filzigen Stoff, ein grobleinenes Hemd, eine blaue Bluse, blaue Hosen, dicke Wollsocken, schwere, genagelte Stiefel, ein Taschentuch aus Fahnenstoff, einen Stock mit Metallknopf und Zwinge und eine Blechmarke mit einer Öse. Auf der Marke steht: Besuch. Sie ist mein Obolus. Ich werde sie, bevor ich in die

Grube einfahre, an ein Brett hängen, damit man im Falle einer Katastrophe weiß, daß ich auszugraben bin. Ich kleide mich langsam um. In der Einsamkeit meiner Zelle denke ich an die Katastrophe, wie ein Verurteilter an das Schafott. Nur nicht übertreiben, sage ich zu mir, teile mich in zwei, in einen Vorsichtigen und einen Stoiker. Es muß noch ein Stück von mir bei dieser Teilung abgefallen sein, ein Stück, das beobachtet und feststellt, boshaft und eisig, wahrscheinlich das schriftstellerische Stückchen Gehirn, mit dem ich sonst, wenn ich ganz bin, die gütigen Dinge schreibe. Das registriert, wie der Vorsichtige zärtlichen Abschied von dem blauen Anzug nimmt, den er so gerne getragen. Es ist, als hätte sein Leben im Unterfutter des Anzugs gelegen und als zöge er mit der blauen Bluse den Tod an. Der Stoiker legt indessen sorgfältig Brieftasche, Zigaretten, Streichhölzer und Uhr auf das Brett vor dem Spiegel. Ich bin fertig! – sagt der Stoiker.

In drei Teile zerfallen und geführt vom Steiger, warte ich auf den Lift in der großen Halle. Sie ist hoch und weit und von Zuglüften unaufhörlich durchweht. Ihr steiniger Boden ist schwarz, feucht und schmutzig. Die Kohlenwagen, die in kurzen Zeitabständen aus den Aufzügen herausrollen, hinterlassen, obwohl sie auf Schienen laufen, weit über ihre vorgeschriebene Bahn verstreute Schmutzspuren. Im übrigen ist hier von einer Emsigkeit der Arbeit wenig zu sehen. Vielmehr rollen die Kohlenwagen mit einer gewissen Gelassenheit heran. Zu viele Menschenhände scheinen mir –

einem Laien allerdings – an die Arbeit verschwendet. Wahrscheinlich, denke ich, geht es in Amerika mechanischer, rascher, geölter. Ein Wagen stockt, zwei Räder knirschen, ein, zwei Arbeiter müssen stoßen, wo doch alles, wie ich es mir vorträume, nur so zu gleiten hätte. Jedesmal, wenn ein Lift sich in Bewegung setzt, ertönt ein Glockensignal. Ein Mann rückt an einem Hebel. Und obwohl die Glocke laut und sogar schrill ist, wie ein Alarm, wirkt ihre regelmäßige Wiederkehr und die Einfachheit der Bewegung, die der Mann am Hebel vollführt, wie eine solide Beruhigung. Die Glocke und der Hebel sind gleichsam vom zuverlässigsten Pflichtgefühl erfüllt. Sie sind die sichersten Zeichen der Gefahrlosigkeit. Und nichts mehr geschieht. In der Ecke plaudern ein paar Männer. Dieser Raum könnte ebenso gut eine leere Markthalle sein. Oben, unter dem sehr hohen, beinahe unsichtbaren Plafond müßten Balken liegen und im Gebälk Fledermäuse wohnen, ungestört, das heilige Geflügel der alten Ruinen-Romantik. Ich aber sehne mich geradezu nach den neuen, den scharfen, stählernen Mechanismen; nach der vielbesungenen Schönheit sausender Räder, glatter und in unbarmherziger Rasanz zu einem grauen Streifen Luft verschwimmender Treibriemen; nach dem ganzen schimmernden Requisit der technischen Hymnen, der rhapsodischen Ingenieure und der Propheten des Schwungrads. Nichts von alledem. Nur schwarzer Schmutz, Zugluft und quietschende Gebrechlichkeit.

Das Glockensignal, allerdings. Es verkündet endlich einen leeren Aufzug, in dem wir hinunterfahren können. In diesem Augenblick vermisse ich nichts so sehr wie eine Tasche links an der Bluse. Nur rechts ist eine, sie enthält das Taschentuch, den einzigen Gegenstand, den man auch noch unter der Erde nötig hat. Meine linke Hand findet keine Tasche, heimatlos irrt sie in der Luft herum. Sechs Taschen enthielt mein blauer Rock, der hängt jetzt in der Zelle. Brieftasche, Uhr, einen reizenden Koh-i-noor, mit dem ich noch viel hätte schreiben können. Alles werden meine Erben kriegen. Ich muß in den Lift.

Denken Sie nicht an einen Lift wie im Hotel etwa. Es ist ein Blechkasten, dem die vordere und die hintere Wand fehlen. Auf den Bahnhöfen befördert man Gepäckstücke in derlei offenen Kästen. Boden und Decke sind aus Eisen. Die Füße stehen im nassen Kohlenstaub. An der Decke hängen ein paar eiserne Ringe, an denen man sich festhalten muß – wegen der fehlenden Wände und der rasenden Schnelligkeit des Aufzugs. Jetzt ertönt die Glocke. Jetzt gilt sie mir. Ich ergreife den Ring. Mutig, könnte man fast sagen. Wir sausen hinab.

Hinab! Welch ein kurzes Wort! Und wieviel enthält es! Die unerbittliche Schwärze einer langen, unendlich dünkenden Mauer; den vehementen Wind, der als eine elementare Antwort der Tiefe auf unsere Einfahrt uns böse entgegenfaucht; die unerschöpfliche Ewigkeit von finsteren drei Minuten, die unaufhaltsam hinunterführen; die Einsicht in die absolute

Vergeblichkeit jedes Aufwärtsstrebens und die Vorstellung, daß man wie ein Toter versenkt wird, obwohl man eigentlich noch lebt. Auch, wenn man ins offene Meer hinausschwimmt oder im Aeroplan in die Luft steigt, hat man für einen Augenblick das feierliche Gefühl der Trennung vom heimatlichen Element. Aber der Himmel, der eine Heimat ist wie die Erde, wölbt sich immer noch über uns. Im Wasser leben Fische und Vögel in der Luft. Unter der Erde aber? Kein anderes Leben als das völlig unverständliche der Steine und der Kohle, der Schatten und der Geister. Es ist der Hades, in den ich leider hinuntergleite.

Mit einem sanfteren Aufschlag, als nach seiner Schnelligkeit vorauszusehen war, landet unser Lift. Ein enger Raum, eine Art Vorzimmer zur Tiefe. Niedrig, von wenigen elektrischen Lampen notdürftig beleuchtet. Das Licht meines Grubenlämpchens kommt immerhin schon zur Geltung. Den ganzen Raum erfüllen unerklärliche Stimmen. Es rauscht und murmelt, summt und braust, es knattert und heult, es tropft und klingt, es weht und pfeift. Es ist, als vermischten sich hier, im Schoß der Erde, die Echos aller Geräusche, Melodien und Stimmen, die auf der Oberfläche ertönen. Vielleicht hört man hier alle Quellen auf einmal. Hier, in der Nähe, liegt vielleicht die mütterliche Urader aller irdischen Säfte und Flüssigkeiten. Nichts von alledem! Es ist nur das weitverzweigte und verworrene System der Wasserleitung, es ist der Ausgangspunkt der zahlreichen Röhren, die über den Schächten dahinlaufen, um die Gefahren der Gasentwicklung zu vermindern. Unheimlicher aber könnte das Orchester unterirdischer Quellen auch nicht klingen. Diese verwirrenden und verworrenen Geräusche legen sich rings um mich, eine dicke Schicht, sie schließen mich gleichsam luftdicht ab, sie nehmen meinen Worten ihren Atem und meinen Ohren die Atmosphäre. Es ist, als preßten sie das Trommelfell gegen das Gehirn und die Zunge gegen den Gaumen. Sie betäuben den Gedanken und ersticken den Laut. Sie liegen zwischen mir und dem Steiger, der mir greifbar nahe steht und dessen Worte ich dennoch wie aus einer unermeßlichen Ferne zu hören glaube. Was sagt er?

Jetzt werden wir zehn Minuten hier bleiben, sagt der Steiger. Wir müssen »Augen machen!« – Was müssen wir? – Augen machen, das heißt: uns an die Dunkelheit gewöhnen. Und damit die Zeit nicht ganz nutzlos verstreiche, erklärt er mir allerhand Fachausdrücke. Der Bergmann nennt, sagte mir der Steiger, was sich unter ihm befindet: das Liegende, was über ihm ist: das Hangende. – Das Hangende, erwiderte ich, ist also sein Himmel, das Liegende seine Erde. – Sein Himmel und seine Erde, wiederholte der Steiger. Mit einer Stimme, von der ich gewünscht hätte, Sie könnten sie vernehmen, lieber Freund! Und nie mehr würden Sie sagen, daß die Gewohnheit eine Macht sei, und daß ein Leid, in dem man ein ganzes Leben verbringt, nicht gefühlt werde.

Wir stoßen ein Tor auf, das Tor zur Unterwelt. Hier, am Eingang zu ihr, ist ein Motor angebracht, der Wind erzeugt, frische Luft für die Schächte. Es weht grausam, ich denke unaufhörlich an den klassischen Schlauch des Äolus. Woher nur diese mythologischen Assoziationen? Es ist, als hätte sich einer jener Träume realisiert, die vor fünfzehn Jahren aus meinen Büchern in meine Nächte wandelten, dem Gedächtnis Bilder schenkten, dem Herzen die Sensationen der Schrecknisse und die langen bunten Fäden der Phantasie. Ich schreibe es Ihnen, lieber Freund, und nichts schätze ich in diesem Augenblick an Ihnen höher, als die Tatsache, daß Sie kein Ingenieur sind, sondern ein Humanist.

Nun beginnt unser Weg. Er ist eng und niedrig. Er ist finster und naß. Er ist schlüpfrig und kalt. Er ist erfüllt von jenem unheimlichen Geräusch und von dem atembeklemmenden Gestank der gestockten Luft. Über mir sechshundert Meter Erde. Und jeder einzelne Millimeter von den sechshundert Metern drückt auf meinen Kopf. Die hölzernen Balken, die das Gewölbe stützen, geben fast sichtbar dem Druck nach. Die Masse Erde hat die Tendenz, keine Höhlung in sich zu dulden. Sie will ihre inneren Wunden wieder schließen. Ich kann nicht mehr aufrecht stehen. Ich gehe gebückt und stoße trotzdem immer wieder mit dem Kopf gegen einen Balken, einen Pfosten, eine Schraube. Immer niedriger senkt sich die Decke. Ich gehe zwischen einem schmalspurigen Gleis. Kohlenwagen stehen hier, warten auf die Fracht, versperren uns den Weg. Wir müssen seitwärts ausweichen, in den klatschenden Abflußgraben. Immer noch summt es in den Röhren über uns. Wasser tropft auf den gebeugten Nakken. Die Tropfen schlagen auf die Haut wie kleine, nasse

»Blind und stumm. Es sieht nicht, und es wiehert nicht.«

»Wasser tropft auf den gebeugten Nacken. Die Tropfen schlagen auf die Haut wie kleine, nasse Hämmerchen.«

Hämmerchen. Plötzlich steht da ein *Pferd*. Ein Tier aus Finsternis. Blind und stumm. Es sieht nicht, und es wiehert nicht. Ich fasse seinen Hals, drehe es aus seiner schrägen Stellung und habe die Empfindung, als wäre es ein Schaukelpferd aus Holz. Es reagiert nicht, es läßt sich drehen und wenden. Es hat eine Mähne aus taubem Haar. Es hat einen Körper aus welkem Leder. Es war noch jung, als es in die Unterwelt kam. – Der Grund des Grabens ist rauh und holprig. Man stolpert und platscht. Immer niedriger wird die Decke, immer enger der Weg. Jetzt gehe ich nicht nur gebückt, sondern auch schief nach dem Innern geneigt. Jetzt rutsche und krieche ich, die Knie geknickt, die Füße im Wasser, die Ellenbogen auf den Knien, den Stock vor mich gestreckt, einen tastenden Zeiger. Das Lämpchen hängt in einem Knopfloch der Bluse, das Glas klirrt an das metallene Gitter, der runde Schimmer huscht über den Boden, Gespenst eines Lichtes. Es wird warm und feucht, wie in einem Waschkessel. Es hämmert das Herz. Der Atem wird kurz und stoßend. Gas steigt in die Nase, ein Block aus Gestank. In der Kehle steckt ein Knäuel. An dem Gaumen klebt die Zunge. Und es summt, und es rauscht, und es tropft. Es zittert in den Knien, als wären die Beine angesägt. Horch! Welch ein Lärm! Eine Bohrmaschine hackt. Ein scharfer Keil stößt hundertmal in der Sekunde in die Kohle. Es klingt wie eine riesengroße Nähmaschine. Mit höhnischem Getöse rutschen schwere Kohlenblöcke die Rutschen hinunter. Es ist, als donnerte es in Himmeln aus Blech. Aber darüber vernimmt man immer noch das Summen der Wasserleitung. Und es rauscht, und es tropft. Arbeiter kauern und schlagen gegen die Wände. Andere liegen auf dem Rücken und schlagen gegen die Decke. Und die Maschine steppt Kohle. Und es tropft, und es donnert Blech, und es rauscht Wasser. Ich habe mich gefaltet, viermal gefaltet, wie ein Rock in einem kleinen Koffer. Wenn ich irgendwo eine Minute lehnen kann, gebückt, wie ich bin, atme ich auf. Ich habe nur eine einzige Sehnsucht: fünf Minuten aufrecht stehen! – Aber wir kriechen weiter.

Wissen Sie, lieber Freund, was ein Grubenarbeiter verdient? Sechshundert bis siebenhundert Francs im Monat. Das sind 100 Mark oder etwas über 100 Mark. *Akkordarbeit.* Achtstundentag. Eine halbe Stunde bleibt ihm für den Weg nach oben. Eine halbe Stunde braucht er für Bad und Umkleiden. Wäre es theoretisch möglich, fragte ich einen älteren und klugen Arbeiter, die Arbeitsbedingungen besser zu gestalten? Die Schächte so hoch zu bauen, daß man aufrecht stehen kann? So breit, daß man nicht im Graben zu waten brauchte? Die drückende Erde gewissermaßen immer wieder auseinanderzustemmen? Balken und Stützen öfters zu erneuern? Für mehr und bessere Luft zu sorgen? – Der Arbeiter lachte mich aus: Theoretisch ist alles möglich. Aber bessere Arbeitsbedingungen sind erstens nicht unsere Sorge; und zweitens, meinte er, verminderten sie die Rentabilität der Kohle in einem unerträglichen Maß. Wir brauchen keine bequemeren Schächte. Wir brauchen nur eines: mehr Arbeit und mehr Geld! – Und er schickte mir einen mitleidigen Blick nach.

Später traf ich einen bekannten Ingenieur, der hier in einer deutschen Fabrik beschäftigt ist. Jung, zu neunzig Prozent sympathisch, wenn man so sagen kann, wahrscheinlich ein gutherziger Mann, aber unrettbar forsch. Sie kennen diese Forschheit, die eigentlich das Unterfutter einer bestimmten, gewissermaßen nach innen getragenen Angst ist. Auf den gesunden und sorglosen Gesichtern mancher Menschen liegt wie ein Mensurschmiß diese Forschheit, der man es meilenweit ansieht, daß sie die Humanität einen »Dusel« nennt und, um ja nicht mißverstanden zu werden, das Wort: Humanitätsdusel erfunden hat. Sprach ich diesem jungen Mann von menschlicher Würde, so hörte er: Kommunismus. Und sagte ich, daß die Grube schlimmer sei als ein Schützengraben, so dachte er, ich sei ein Pazifist. Es war fast unmöglich, mit ihm zu sprechen – aus dem einfachen und eigentlich beschämenden Grund, weil er nur sein Fach verstand und gegen die Trauer der Welt ungefähr eine Aversion hatte wie viele Menschen gegen das Läuten der Kirchenglocken. Er hatte selbst in einer Grube gearbeitet, und weil er besser wußte als ich, was ein »Bremsberg« sei, glaubte er bereits zu wissen, was ein Mensch auf dem Bremsberg sei. Es war, wenn er mir etwas sagte, als erklärte ein Markensammler einem Geographen die fremden Länder. Herr, sagte er, mir hat die

Arbeit gar nichts geschadet. Sie wissen gar nicht, wie viele sich hier herumdrücken, ohne zu arbeiten. Ich habe viel kompliziertere Dinge zu erledigen. Ich arbeite zehn und zwölf Stunden täglich. – An einem Schreibtisch, sagte ich. Ihr Vater war Oberlandesgerichtsrat. Als Sie klein waren, fuhren Sie mit Ihrer Frau Mama im Sommer an die Nordsee. Wenn Sie Ihre Arbeitsbluse ablegten, lag in Ihrer Rocktasche ein Diplom und eine Visitkarte. Wenn Sie diese vorzeigten, so war es wie ein Fenster in die Zukunft. – Er hörte schon lange nicht mehr zu. Ich habe schwere Jahre hinter mir! versicherte er treuherzig. Und die leichten lagen vor Ihnen, erwiderte ich. Und wir gingen ins Kasino, ein Schnitzel essen.

*

Um halb zehn Uhr abends kam ich aus der Grube. Während ich badete und ein erschüttertes Wiedersehen mit meinen geliebten Kleidern feierte, saß der Steiger auf einem Schemel und aß ein belegtes Brot. Er mußte noch einmal hinunter. Obwohl er, kaum fünfzigjährig, eine Nachtschicht nicht mehr mitmachen kann. Würden Sie, wenn Sie Söhne hätten, sie auch in die Grube schicken? Keinesfalls, sagte der Steiger. Und nach einer Weile: Aber mein Vater hat das auch gesagt – und mein Großvater auch.

Lieber Freund, die geradezu naturhafte Ausweglosigkeit scheint mir am erschütterndsten in dieser Antwort ausgedrückt. Daß die Arbeit erblich sein kann, wie ein mythologischer Fluch, haben sie das gewußt? Er ist seit den Tagen des Tantalus breiter und anonymer geworden, er ist gewachsen wie ein schauderhafter Baum, und der furchtbare Schatten seiner furchtbaren Krone liegt nicht über einem Geschlecht, sondern über tausend Geschlechtern. Ich weiß, mein lieber Freund, daß Sie mit diesem Brief unzufrieden sein werden. Denn die etwas nachlässige, aber produktive Güte, die Sie haben, möchte gerne Auswege erzeugen und Hilfe aus Regionen holen, von denen ich genau weiß, daß sie unzugänglich und verschlossen sind. Wenn die »Rentabilität« wichtig ist, kann die Humanität nicht bestehen. Das scheint mir unabhängig von Gesellschaftsordnung und Revolution. Es bleibt, glaube ich, nichts übrig als der hoffnungslose Blick, mit dem ich gestern abend, als ich die Unterwelt verließ, den nächtlichen Himmel begrüßte. Er erschien mir nicht tröstlicher als das »Hangende«.

Nächstens werde ich Ihnen einige Daten mitteilen. In[zwischen bin ich Ihr alter]

Cuneus.

[27.11.1927]

NACH NEUNKIRCHEN

Ich fuhr gestern mit Frau Angelica Balabanoff nach *Neun-kirchen*. Sie sollte dort einen Vortrag über den italienischen Fascismus halten. »Fahren Sie lieber nicht!« rät sie mir, ehe wir ins Auto steigen. »Sie werden nichts Neues von mir hören!« Das sagt sie mit der Bescheidenheit, die eine Schwester des Selbstbewußtseins ist. Ich fühle, daß es notwendig wäre, begeistert zu widersprechen. Aber ich bin selbst zu eingebildet, um durch eines der gänglichen Argumente zu beweisen, daß ich es für nötig halte, den Vortrag zu hören und nicht erfinderisch genug, um ein seltenes Argument zu gebrauchen. Infolgedessen steigen wir stumm in den Wagen.

Ich habe Frau Angelica Balabanoff niemals öffentlich sprechen gehört. Doch kenne ich aus der Geschichte der Arbeiterbewegung den Ruf, den sie als Rednerin genießt und bin keineswegs immun gegen Vorgänge und Erfahrungen, die mein Gedächtnis als Erlebnisse und Begegnungen zu buchen entschlossen ist. Frau Balabanoff ist eine alte junge Frau, sie spricht jeden Abend in überfüllten stickigen Sälen, ihre Zuhörer sind Proletarier, die keine Zeit haben, Andacht vom Hunger, Hunger vom spärlichen Genuß und diesen vom politischen Unterricht zu trennen. Diese Frau reist durch das Saargebiet, als wäre sie dreißig Jahre alt und als wäre sie hier zu Hause, wie vor dreißig Jahren in Rußland, in Italien, in der Schweiz. Sie ist auch in allen Ländern zu Hause, in denen Proletarier leben, aber weil nicht nur Proletarier in allen Ländern leben, ist sie aus vielen ausgewiesen. Rußland hat sie freiwillig verlassen, in der Stunde, in der sie zu merken glaubte, daß es den Sozialismus verließ. Niemals hat sie einer »Gruppe«, einer »Fraktion«, einem »Flügel« angehört. Wie man ein Christ sein kann ohne Kirche, ist sie ein Sozialist ohne Partei. Niemals sah ich einen unerbittlicheren Sozialisten und niemals einen nachsichtigeren. Nirgends sah ich einen heißeren Eifer und nirgends eine weichere Toleranz. Die Gleichzeitigkeit dieser Eigenschaften scheint mir dieser Frau besonderes Abzeichen.

Ich wollte Neunkirchen beschreiben, und nun beschrieb ich die Balabanoff. Aber stets geneigt, einen Zusammenhang zwischen Zufällen zu wittern, verfalle ich heute geradezu der Überzeugung, daß ich die Frau Balabanoff im Saargebiet treffen mußte. Wir fahren durch die breiten Straßen, die sozusagen ins Freie führen. Aber wo die Häuser aufhören, fangen die Fabriken an; und wo die Höfe aufhören, fangen die Misthaufen an; und wo die Straßen zu Ende sind, beginnen die wüsten Plätze. Manchmal ist die Erde aufgelockert wie ein Acker im Frühling, man könnte darüber mit Harken hingefahren sein. Aber nie wird sie einen Samen empfangen, niemals eine Ähre tragen. Es dampft und raucht aus allen ihren Poren, wie auf einem Schuttplatz nach einem Brand.

Schienen. Ein Wall. Ein Hof. Ein Zaun. Kohle. Ein Kran. Ein Werk. Eine Fabrik. Schienen. Manchmal verbirgt sich ein kleiner echter Wald hinter Wolken am Horizont. Man glaubt, er gehöre geographisch zu einem anderen Land. Auch fährt man an Geflügel vorbei, den Symbolen der Ländlichkeit. Ein Stückchen Feld wird sichtbar, es scheint nachträglich hierher gepflanzt zu sein. Liegt vielleicht auf einem tönernen Grund, einer Art Blumenteller, Ackerteller. Neunkirchen hat angefangen. Irgendwo kräht ein Hahn. Dummes Tier. Wir suchen eine bestimmte Straße. Wissen nicht den Weg. Fragen einen Schaffner. Er sagt uns den Weg. Frau Balabanoff: »Ich liebe den deutschen Proletarier, hören Sie, wie er nur Auskunft gibt, es ist ein Klang von Solidarität in seinen Worten, er ist so einfach, so herzlich, so menschlich.« Und plötzlich: »Ihr seid eben das Volk von Hegel und Marx.«

*

Halten wir uns lieber an das Konkrete, zum Beispiel an die Hauptstraße von Neunkirchen. (Vielleicht hätte das, wenn nicht Hegel, so Marx doch in diesem Fall getan.) Sie verläuft in Windungen vom Bahnhof bis zu ihrem Ende und bekommt jedesmal, ohne sichtbaren Grund, einen anderen Namen. Sie wirft Plätze wie Blasen. Das Gelände ist uneben, die Natur hat sich alle Mühe gegeben, hier die Entstehung einer Stadt zu verhindern, aber es hat ihr nichts geholfen, der Natur. Sie mußte zusehen, wie man Löcher in die Erde schnitt, in den Bauch drang, das Eingeweide entfernte, immer tiefer bohrte, höhlte, Erze förderte, Werke anlegte, Eisen anzündete, dem Feuer die Eigenschaften des fließenden Wassers aufzwang und Wasser verwandelte in stinkenden Rauch. Das hat sie davon, die Natur. Jetzt ist die Oberfläche noch uneben, aber unter unsern Füßen ist es schon leer, und wollte man an das Pflaster mit einem riesigen Hammer klopfen, so tönte es vielleicht hohl zurück, wie aus unseren offiziellen Köpfen und Denkmälern.

Über der Stadt schwimmen Wolken. Nicht echte, himmlische, sondern künstliche: Industriewolken. Wenn der Himmel klar und blau ist, so sieht man ihn von hier wie durch gelbes Flaschenglas. Die Sonne ist ein Opal, hundert Jahre vor dem Weltuntergang wird diese Atmosphäre sein. Wäre man ein Vogel, man müßte jetzt ängstlich flatternd unter eine Dachrinne schlafen fliegen. Ist der Himmel trüb und verhängt, so macht das Neunkirchen gar nichts aus, es ist, als schützten die Lokalwolken die Stadt vor den Gewittern, die sich jenseits, auf der zweiten Himmelsetage, zusammenziehen mögen. Wäre der liebe Gott nicht allgegenwärtig, sondern wirklich nur im Himmel, es gäbe von hier aus keine direkte Verbindung zu ihm. Zum Glück steht da mitten in der Straße eines seiner Wohnhäuser, eine Kirche. Man könnte sie übersehen. Die ärmlichen Schaufenster sind auffälliger. Alle Waren sehen verstaubt aus. Auf allen Kleidern, allen Mauern, allen Fenstern, allen Pflastersteinen liegt dieser schwarzgraue, feinkörnige, dennoch harte Sand, den man auf

[Angelica Balabanoff, 1928]

»*Diese Frau reist durch das Saargebiet, als wäre sie dreißig Jahre alt und als wäre sie hier zu Hause.*«

den Seiten eines aufgeschlagenen Buches im Eisenbahn-
kupee bemerken kann, nachdem man einige Tunnels pas-
siert hat. Es ist der Trauerflor der Zivilisation. Er bedeckt
die bunten Tom-Mix-Plakate vor den zwei oder drei
Kinos, so daß die leuchtenden Farben dem Auge sehr ferne
sind, obwohl die Hand sie berühren kann. Man sieht
sie wie durch ein dichtes, feines, engmaschiges Gitter aus
braunem Draht.

In den Buchhandlungen: Karl May und ähnliche Literatur.
Hier mag es ein Bedürfnis und ein Trost sein, von gesegne-
ten Gegenden zu hören, in denen die Sonnen gleißend und
golden sind, der Himmel tiefblau und rein, die Erde grün und
das Grün üppig, der Sand fast ein goldener Spiegel der
Sonne, die Haut der Menschen von bronzener Röte, das Fell
der Tiger von brennendem Dukatengelb, die Abenteuer heiß
und fröhlich und der Tod wie eine Flamme.

Volksversammlung

Es ist Abend, vor den Fenstern der erleuchteten Schank-
stuben hängen gelbliche Vorhänge, die Kaufläden sind geschlossen, die Kinos geöffnet. Ich gehe zum Vortrag. Der
Vortrag der Frau Balabanoff findet in einem jener Säle statt,
in dem die Proletarier Streiks beschließen, Feste feiern, sich
für Revolutionen vorbereiten.

An langen Tischen und auf langen Bänken sitzen die Zuhörer. Vor jedem ein halbgefülltes Glas Bier. Wenn einfache Menschen ihren geistigen Horizont erweitern, verdienen die Gastwirte gewöhnlich Geld. Hastig, verschwitzt, mit der Ängstlichkeit verstörten Geflügels und gleichzeitig mit der Brutalität von Schlächtern drängen sich die weißgekleideten Kellner, klirrende Gläser auf schmutzigen Brettern in den Händen, durch die dichten Reihen der Stehenden und Sitzenden. Das Angebot regelt die Nachfrage. Rauch steht in der Luft. In diesem Rauch, wie in Watte eingepackt, liegt das Gemurmel der Menge. Im Hintergrund ist die Tür, von Reichsbannerleuten bewacht. Neben der Tür ist das Büfett, die Quelle des Biers. Fortwährend plätschert Wasser. Gläser glucksen im nassen Bad. Löffel aus Zinn schlagen mit taubem Klang auf den blechbenagelten Tisch. Die dunkle Masse der Menschen und der Rauch in der Luft verdunkeln noch das gelbe Licht. Der ganze Saal ist voll. Die meisten Zuhörer sind Arbeiter, ihre Frauen, ihre Töchter und ihre Söhne. Die Frauen haben das unbestimmte Alter der Proletarierinnen: zwischen Fünfundzwanzig und Sechzig. Viele sind dunkel gekleidet. Sie tragen keine Hüte. Sie tragen die Haare schütter und lang und bleich und farblos, in gleichgültigen, verlegenen Knoten zusammengebunden. Strähnen streifen sie mit harten Händen aus den Gesichtern. Lockere Haarnadeln drücken sie wie Dolche in das Haarfleisch des Knotens. Ihre Gesichter sind grau und zerfurcht, Physiognomien von männlichen Denkern. Die Sorgen machen Schnäbel aus Nasen, Spalten aus Mündern, kleine blasse Lichtfünkchen aus Augen. Auf den Stirnen Landkarten aus Falten, die Geographie des Kummers. Die Leiber in langen, breiten Stoffen, die keine Ahnung haben von den Formen eines weiblichen Körpers. Manchmal zeigt sich ein rotes gesundes Mädchengesicht. Es muß noch sehr jung sein, sonst wäre es nicht rot und nicht gesund. Die Gesichter der Männer sind einfach, ernst, ruhig. Verborgene Krankheiten liegen in den Tiefen der Augen. Viele husten mit schnarrenden Geräuschen.

Tief im Hintergrund der Tisch mit den Veranstaltern. Der Vorsitzende eröffnet und erteilt – den Abend und das Wort – der Frau Balabanoff. Da steht sie, klein, schwach, eine Frau. Sie spricht. Ihre Stimme wird groß, steht vor ihr, überragt sie, erfüllt den Raum, zerbricht den Rauch in der Luft, übertönt Geplätscher und Geklirr. Sie hält keinen Vortrag, sie hält eine Rede gegen den Fascismus. Folgendes sagt sie:

Der Fascismus sei einer der trübsten Ausbrüche der herrschenden Reaktion.

Unzählige Bestialitäten sind auf sein Konto zu buchen: Meuchelmorde, Behandlung Mißliebiger mit Rizinusöl, feige Schandtaten gegen sozialistische Frauen. Die Fascisten treiben eine Lehrerin nackt durch die Stadt, weil sie sich an einer Kundgebung nicht beteiligt hat. Ausweisungen, Verhaftungen.

Mussolini? Ein kläglicher Feigling. Die Partei der Arbeiter hat ihn genährt, ihm zu seiner Ausbildung verholfen, schon vor dem Krieg und während des Krieges verriet er sie.

Ertappt und von den Genossen zur Rede gestellt, kneift er aus, wird kleinlaut, verspricht Verzicht auf jede öffentliche Tätigkeit, versichert scheinheilig, er werde wieder im unscheinbaren Dasein eines Maurers verschwinden.

Sein Verhältnis zum Papst? Frau Balabanoff wirft dem Vatikan vor, daß er die Gläubigen auffordere, Gott auf den Knien zu danken, wenn Mussolini einem Attentat (und wer weiß, ob nicht einem fingierten) entgangen ist. Wie könne das Oberhaupt der Christenheit den Schutz Gottes für einen Verräter anrufen? Vergleich mit Judas, der verflucht durch die Jahrhunderte wandert, weil er Christus verraten hat, einen Einzelnen, wenn auch einen ungewöhnlichen Einzelnen. Was gebühre dem Verräter einer ganzen Klasse, eines Volks?

Gefahren des Fascismus für Europa: ständige Kriegsgefahr, denn Mussolini tendiere zur Wiederherstellung des römischen Imperiums. Ist er also nur ein Feind der Arbeiterklasse?

Nein. Er ist der Feind der Welt, aller, die den Frieden wollen.

Starker Beifall. Irgendwo anders wäre er noch stärker. Diese Zuhörer haben kein überschüssiges Temperament. Die Arbeiter dieser Gebiete sind schwerfällig wie Bauern. Während der Rede nickten sie mit den Köpfen. Es war, als schluckten sie, was sie hörten. Da war sie, die »Masse«. Ein paar Worte schlugen an die kleinen Sturmglöckchen, die in allen menschlichen Herzen aufgehängt sind. Ein paar

71

Blitze fachten die Flämmchen an, die in allen menschlichen Augen schläfrig schwelen. Ein elektrischer Strom zwang die Hände zueinander, daß es klatschte. Als die Rednerin von Judas sprach, der Jesus verraten hat, glaubte ich zu sehen wie die Leute ein Abscheu schüttelte vor Judas und Mussolini. Es mögen fromme Katholiken gewesen sein – die Gegend gehört zu den frommen, katholischen –, die einen leisen, kaum merkbaren Widerspruch zu fühlen schienen, als Vorwürfe gegen den Papst erhoben wurden. Er strich wie ein zartes Echo eines zarten Windes über die Gesichter. Keiner freilich hätte den Papst verteidigen können. Denn so viel Kenntnis jenes kunstvoll geschichteten Wirrwarrs, den man diplomatische Methode nennt, besitzen diese armen Leute nicht, um etwa sagen zu können: im Interesse der Kirche begehe auch ihr Oberhaupt einen diplomatischen Trick und der Papst sei vielleicht ein stärkerer und infolgedessen auch ein klügerer Feind Mussolinis als Sie, edle Genossin. Nein, sie hätten so nicht antworten können! Arme, ratlose, gescholtene, unterschätzte, überschätzte Masse! Sieht man sie erbeben, wenn ein Unrecht verflucht wird, so glaubt man an die Existenz absoluter Gerechtigkeit und absoluter Tugenden, für die sie zweifellos den Maßstab besitzt. Aber im nächsten Augenblick ruhen schon die Hände, müde vom Klatschen, aber auch von der Arbeit – – müde, müde Hände.

Briefe aus Deutschland

Von Cunous.

Wie es an der Grenze gewesen wäre.

Ich hasse die „Grenze" zwischen zwei Ländern. Sie ist ein viel zu weiter Begriff für die Realitäten, die sie bezeichnet. Was ist eine „Grenze"? Ein Pfahl, ein Drahtgitter, ein Zollwächter, ein Visum, ein Stempel, ein Aufenthalt. Es sollten Symbole sein und es sind Niederträchtigkeiten. Woher kommt es aber, daß man an einem Wechsel der Zeichen den Wechsel der Atmosphäre zu fühlen vermeint und daß man hört, wie eine Tür zugeschlagen wird, sobald eine neue Livree erscheint? Woher kommt es, daß mit der Ungültigkeit eines Visums, dem lächerlichen Strich eines gemeinen Kopierstifts im Paß die Welt ein anderes Gesicht bekommt, die Wehmut eines Abschieds in das Herz sich schleicht und ihre Konkurrenz, die Wehmut der Erwartung? . . .

Unergründliche Torheit der menschlichen Seele, deren Tiefen jeder lästige Vorgang aufzurühren vermag! Ich wehre mich, aber ich erliege ihm, wenn ich im D-Zug die Grenze „überschreite". Da fällt wie ein schwerer Zollschranken das erste Wort der neuen Landessprache vor die letzte Bahnstation der ersten. Vier Hände bohrten in meinem Koffer. Jetzt liegt er geschlossen wieder oben im Gepäcknetz — fertig. Fertig! ruft der Schaffner. Der Waggon hat einen andern Rhythmus, die Lokomotive zieht nach andern Melodien. Es gibt Nationalhymnen der Eisenbahnen. Der Rahmen des Fensters verändert seinen landschaftlichen Inhalt. Eben enthielt ie noch lächelnde Erde, Land mit Grübchen in den Wangen. Schon pressen sich Schlote, Nebel und Wälder in das gläserne Rechteck. Eben saß noch schräg mir gegenüber ein dunkler Herr, mit hängenden Schultern, mit schmalem Gesicht. Er las keine Zeitung, er blickte nicht aus dem Fenster, er sprach nicht mit mir, er sprach auch mit keinem andern. Das Ziel seiner Blicke lag außerhalb des Kupees, außerhalb der Landschaft, durch die wir fuhren, außerhalb der Stationen, an denen wir rasteten. Dennoch hielt sein Auge ein konkretes Ziel gefangen, kein Zweifel. Jetzt — wer sitzt jetzt mir gegenüber? — Ein Herr im hellen Mantel, mit breiten Schultern, mit einem weichen, gutmütigen Gesicht. Aber es versucht, strenge zu werden, so oft es sich mir zuwendet. An der Nasenwurzel faltet sich der Ueberschuß der Haut, die Augen rücken nahe zueinander.. Lägen Brauen über ihnen, sie wären vielleicht wie Blitze. Da sie aber nackt sind, kommen sie wie unschädliches Wetterleuchten aus einem wolkenlosen Himmel.

[Frankfurter Zeitung, 16.11.1927]

Diskussion und Heimkehr

Dann beginnt die Diskussion. Überflüssig. In diesem Saal gibt es nicht einen einzigen Anhänger Mussolinis. »Mit anschließender Diskussion« versprachen aber die Plakate. Wozu? Mir scheint, daß die überlieferten Formen allmählich ersetzt werden könnten. Diese »anschließenden Diskussionen« hängen an öffentlichen Vorträgen wie Papierschnitzel an Bäumen, nach einem Fest. Jeder ging hin und hängte dran, was er aus dem Misthaufen der Broschüren aufgeklaubt hatte. – Auf, zur Diskussion!

Es erscheint auf dem Podium ein junger Mann mit tropisch wucherndem Haarwuchs, seine schwarzen Haare stehen auf seinem Kopf, eine Art krempenloser Naturzylinder. Der Verdacht, daß der junge Mann eitel ist, erfaßt mich wie ein Haß. Von allen Arten der Eitelkeit scheint mir nur jene verrucht, die dem Äußeren die Physiognomie des revolutionären Pathos aufzuschminken bestrebt ist. Eine Eitelkeit, welche die bestehende Gesellschaftsordnung wie ein Ornament begleitet, scheint mir nur lächerlich und manchmal sogar erlaubt. Aber eine, die sie zu zerstören droht, ist unerträglich wie ein Orden, den die Revolution verleiht.

Was sagt er? Über jedem seiner Worte liegt hochgetürmt wie das Haar über seinem Kopf, eine Wolke aus altem, fettem Dunst. Sie scheint jedem Wort seinen eingeborenen Sinn zu entziehen, so daß es daliegt wie eine Hülse, leer und schlaff, unter seinem Inhalt, der in Rauch aufgegangen ist. Es kann dennoch sein, daß alle abgenutzten Bezeichnungen ihren alten trächtigen Sinn behalten. In der Wendung: die herrschende Gesellschaftsklasse habe ich schon oft das Beben eines biblischen Zorns vernommen. Dieser Diskussionsredner aber sagt: Proletariat, und ich höre das Klappern einer Schreibmaschine im Parteibüro. Außerdem muß ich mich meiner gereizten Aufmerksamkeit noch einmal schämen: der Mann zischt, wenn er spricht. Jede Silbe zieht er aus seinem Mund wie einen Kipfel aus Milchkaffee mit Haut. Schlagen wir los, ehe es zu spät ist! sagt er. Bewaffnen wir uns! – Weiß er, was er redet? Womit will er bewaffnen? Wen? Die christlichen Gewerkschaften? Hat er Kanonen im Parteibüro?

Die Straße ist kalt und finster. Aus den Kinos fallen Menschen in die Nacht. Aus dem Werk flammt es gegen den Himmel. Eine ständige, regelmäßige, daseinerhaltende Katastrophe.

Vierter nach Saarbrücken. Viehwagen mit Bänken. Trübes Licht. Rucksäcke. Elendssäcke. Unglücksetuis. Gesichter, übergiebelt von Mützenschirmen. Dunst von nassen Kleidern. Pfeifentabak, scharf, Salmiak. Schweigen. Der Schlaf wirft seinen schweren Schatten. Der Schlaf steht in der Mitte des Waggons wie ein massives, aber torkelndes Gebäude. Ein Gewerkschaftshaus, ein Gefängnis, eine Kaserne, ein Finanzamt. Es ist elf Uhr und fünfzig Minuten.

[6.12.1927]

MENSCHEN IM SAARGEBIET

Lieber Herr R.!

Haben Sie zufällig in einer Saarbrücker Zeitung den Artikel gelesen, der sich mit einem meiner Briefe aus Deutschland auseinanderzusetzen versucht? Ein Herr Matz oder Mutz hat meine Mitteilung, daß es am Abend in Saarbrücken regnete, und daß es traurig war, dementiert. Kenner polemischer Sitten sagen mir, daß »Matz« ein Pseudonym sei. Wenn Ihnen jener Artikel entgangen sein sollte, so können Sie an diesem Namen, den sich einer aus freien Stücken zulegt, die Spezies Humor erkennen, über die der Polemiker verfügt. Es ist eine Art hämischer Zwischenruferbaß, wie er die beliebten Komiker in Provinzvarietés auszeichnet. Der Lokalpatriotismus, dem es, wenn er von der »Scholle« spricht, um das Gedeihen des Fremdenverkehrsvereins zu tun ist, erhub sich wider meine Mitteilungen, daß Saarbrücken eine Industriestadt sei, einen häßlichen Bahnhof habe und arme, schlecht bezahlte Büromädchen, die sich an Schlagsahne trösten. Der Polemiker mit dem heiteren Pseudonym ist natürlich nicht der Einzige. Die deutschen Leser, die aus spartanischen Gründen so gerne mit dem Lob zurückhalten, wenn ihnen etwas gefällt, geizen nicht mit Papier und Porto, wenn sie sich ärgern. Die Folge dieser Veranlagung sind Stöße von Zuschriften aus Saarbrücken und Neunkirchen, in denen man sich beeilt, mir mitzuteilen, es gebe nicht nur eine schöne Umgebung im Saargebiet, sondern auch eine Barockkirche; daß die Natur im Saargebiet so veranlagt sei, daß sie es zustandebringe, nicht nur regnen, sondern auch die Sonne scheinen zu lassen; daß im Frühling die Frauen weiße Kleider tragen und daß der Anblick eines Eisenwerks erhebend sei. Und so jagt ein Witz den andern. Nicht für das Land an der Saar, dessen arbeitsame Düsterheit und dessen schwerfällige Menschen ich mehr liebe, als die Mutze ahnen können, sondern für die Verfasser der Zuschriften mag die Tatsache symptomatisch sein – die Sie wahrscheinlich nicht gewußt haben: daß nämlich der einzige Dichter, der in jener Gegend geboren ist, Frau Liesbeth Dill heißt. In Dudweiler kam sie zur Welt. Und Mutz ist von ihrem Stil nicht unbeeinflußt geblieben.

Wollten Sie aber aus dieser Tatsache, aus dem Ton meiner Korrespondenten und etwa aus den Witzen, die im »Saarkalender« jedes Jahr erscheinen, mutwillig schließen, daß es um die Intelligenz im Saargebiet schlimm bestellt sei, so will ich Ihnen an einigen Beispielen beweisen, daß es falsch ist, ein Land nach seinen Druckerzeugnissen zu beurteilen. Im Gegenteil: scheint es mir, als wäre gerade die außergewöhnliche politische Spannung, in der die Saarländer leben – geklemmt zwischen zwei staatliche Gewalten, deutscher Art und Sprache und mit französischem Paß, Europäer der

Gesittung nach und wie Kongoneger »Schutzbefohlene«
laut Friedensvertrag – als wären gerade diese Zustände
geeignet, einige Intellekte für die aktuellen geistigen Fragen
zu schärfen und ihnen jene segensreiche produktive Angst
zu schenken, die eine hellhörige und hellsichtige Wach-
samkeit zeugt. Es ist die Angst des Abgeschlossenen, dessen Auge, um nicht zu erblinden, die dicksten Mauern
durchleuchtet. Es gibt ein paar außerordentliche Menschen
im Saargebiet, die in einer fruchtbaren Auflehnung gegen
das abschließende, einengende, besondere Schicksal ihrer
Heimat ihre eigene private Verbundenheit mit dem Schicksal deutschen und europäischen Geistes betonen und erhalten. Nirgends sah ich Bürger, deren Beruf es ist, Geld zu
verdienen, so leidenschaftlich interessiert für Bücher, Wissenschaft, Kunst, Politik, mit so viel Sinn für Ironie und un-
pathetische Geselligkeit, mit so viel Begabung für Form und
Manier und mit so viel Überlegenheit über jenen Matz, in
dessen Zeitung sie inserieren müssen. Im Saargebiet traf ich
zum ersten Mal einen Minister, dem ich zwei Stunden lang
interessiert zuhören konnte, einen Warenhausbesitzer, der
enge persönliche Beziehungen zur deutschen Literatur erhält, und einen Juristen, der, obwohl er die reichsten Klien-
ten haben soll, meine Schriften liest. In allen Häusern, in die
ich kam, lagen Bücher, deutsche und französische, und nicht
etwa sogenannte »Geschenkliteratur«, sondern aktuelle, not-
wendige, unsere Ware. Daß man sich aus sozialen Gründen die verschiedenen Zauberberge der Literatur in die

Bibliothekfächer einbauen läßt, können Sie in allen deutschen Gegenden sehen. Aber im Saargebiet treffen Sie noch Menschen, die sich um jede »Neuerscheinung« kümmern und literarische Zeitschriften lesen, obwohl sie keine Literaten sind. Was mich betrifft, so habe ich zum ersten Male von Angesicht zu Angesicht Leser getroffen, denen ich in keinem Künstlerklub begegnet wäre. Es gibt noch Leser in Deutschland, die nicht schreiben.

An einem Vormittag ging ich zum Rechtsanwalt A. Er wohnt zwischen alten schweren Möbeln, die aussehen, als ob sie ererbt wären. Sie sind aber erworben. Herr A. ist nicht hier geboren. Er hat allein aus seiner Persönlichkeit so viel Atmosphäre erzeugt, daß man ihm gegenüber in seinem dunkeltapezierten Zimmer – es ist wie aus braunem, warmem Holz – in seinem breiten weichen Sessel, vor seinem starken dunklen Tisch die schöne, anregende Sicherheit gewinnt, die uns nur der Atem einer alten, guten Tradition verleiht. Herr A. ist einer von jenen Juristen, deren Angesicht mich nicht im Zweifel darüber läßt, daß sein Besitzer von den Gesetzen lebt. Auch diese Gewißheit ist angenehm. Manche modernen Staats- und Rechtsanwälte könnten Aviatiker sein. Nicht so Herr A. Er kommt aus einer Generation und einem Geschlecht, in denen es Sitte war, einen Beruf nicht zu »ergreifen«, sondern zu erleben. Das macht den *Stil des Kopfes*. Herr A. ist kleingewachsen. Es ist, als hätte sein Körper einen Teil der Kräfte hergegeben, die zu einer deutlichen, unzweideutigen Ausbildung des Angesichts nötig waren. Um seinen kräftigen, beredten Mund lagern sich starke Falten so intelligent, daß man glaubt, er hätte nicht nur Worte zu vergeben, wie jeder menschliche Mund, sondern auch Gedanken zu verbergen, wie eine Stirne. Sie selbst ist groß und breit, Gefäß für Paragraphen, passiver Lagerraum. Dagegen scheinen die kleinen hellen Augen hinter Brillengläsern eine eigene, gleichsam von der Persönlichkeit gesonderte Aktivität zu besitzen, eine Art Denkaktivität. Es ist, als holten sie durch die Rückwand Kenntnisse aus dem Gehirn und projizierten sie auf das Objekt, das sie betrachten. Es sind schnelle Augen, die zugleich sehr stabil sein können. Sie sammeln sehr flink Eindrücke, bewahren sie auf und sind dann für eine lange Zeit still, befriedigt, satt. Unter den Augen und vor dem Ohr, beide Schläfenflächen entlang, zwischen Nase und Wangen, zwischen Wange, Kinn und Hals, überall dort in dieser breiten Landschaft des Gesichts, wo ein Gedanke Platz fand, sein Zeichen einzugraben, schneiden sich, kreuzen sich, treffen sich unzählige Linien, gerade, schräg und geschwungen, »Paragraphen im Gesicht« zu sagen, scheint unumgänglich. Herr A. saß zuerst, erhob sich dann, ging an den Ofen, aber es war, als er aufstand, sehr deutlich nicht etwa Ungeduld, die ihn bewegte, oder ein Platzwechsel, den nur die Laune diktiert, sondern ein Wechsel des Beobachtungspostens, des Erfahrungspostens und es war, als ruhte er, noch während er ging.

Briefe aus Deutschland.

Von Cuneus.

Menschen im Saargebiet.

Lieber Herr R.!

Haben Sie zufällig in einer Saarbrücker Zeitung den Artikel gelesen, der sich mit einem meiner Briefe aus Deutschland auseinanderzusetzen versucht? Ein Herr Matz oder Mutz hat meine Mitteilung, daß es am Abend in Saarbrücken regnete, und daß es traurig war, dementiert. Kenner polemischer Sitten sagen mir, daß „Matz" ein Pseudonym sei. Wenn Ihnen jener Artikel entgangen sein sollte, so können Sie an diesem Namen, den sich einer aus freien Stücken zulegt, die Spezies Humor erkennen, über die der Polemiker verfügt. Es ist eine Art hämischer Zwischenruferbaß, wie er die beliebten Komiker in Provinzvarietés auszeichnet. Der Lokalpatriotismus, dem es, wenn er von der „Scholle" spricht, um das Gedeihen des Fremdenverkehrsvereins zu tun ist, erhub sich wider meine Mitteilungen, daß Saarbrücken eine Industriestadt sei, einen häßlichen Bahnhof habe und arme, schlecht bezahlte Büromädchen, die sich an Schlagsahne trösten. Der Polemiker mit dem heiteren Pseudonym ist natürlich nich' der Einzige. Die deutschen Leser, die aus spartanischen Gründen so gerne mit dem Lob zurückhalten, wenn ihnen etwas gefällt, geizen nicht mit Papier und Porto, wenn sie sich ärgern. Die Folge dieser Veranlagung sind Stöße von Zuschriften aus Saarbrücken und Neunkirchen, in denen man sich beeilt, mir mitzuteilen, es gebe nicht nur eine schöne Umgebung im Saargebiet, sondern auch eine Barockkirche; daß die Natur im Saargebiet so veranlagt sei, daß sie es zustandebringe, nicht nur regnen, sondern auch die Sonne scheinen zu lassen; daß im Frühling die Frauen weiße Kleider tragen und daß der Anblick eines Eisenwerks erhebend sei. Und so jagt ein Witz den andern. Nicht für das Land an der Saar, dessen arbeitsame Düsterheit und dessen schwerfällige Menschen ich mehr liebe, als die Mutze ahnen können, sondern für die Verfasser der Zuschriften mag die Tatsache symptomatisch sein — die Sie wahrscheinlich nicht gewußt haben: daß nämlich der einzige Dichter, der in jener Gegend geboren ist, Frau Liesbeth Diß heißt. In Dudweiler kam sie zur Welt. Und Mutz ist von ihrem Stil nicht unbeeinflußt geblieben.

[Frankfurter Zeitung, 16.12.1927]

Ich möchte Ihnen noch Herrn H. beschreiben, einen Mann, der ein großes Warenhaus besitzt und so weit entfernt von allen Vorstellungen von »Konfektion« ist, an die Sie etwa denken mögen, wie Sie und ich. Ich besuchte ihn zuerst in seinem Warenhaus. Dritter Stock, Direktion. Ein Mann unbestimmten Alters, vielleicht jung. Klug. Helle Augen. Groß, geöffnet. Sanfte Eleganz. Eine wissende Trauer im Gesicht, überdeckt von einer Art Optimismus, der die Trauer dementiert. Sehr still und kühl. Leise Stimme. Gebraucht, obwohl Warenhausbesitzer und guter Rechner, das Wort: menschlich. Ohne daß ich es gewußt hätte, fühlte ich bei ihm, daß er im Krieg war. Es geht Ihnen, lieber Freund, der Sie, wie ich, den Krieg noch nicht vergessen haben, niemals vergessen werden, wahrscheinlich auch so. Wir erkennen einander. Der Krieg hat uns imprägniert. Wir mögen sonst verschiedenen Welten, verschiedenen Parteien, verschiedenen Berufen angehören. Es leuchtet aus jedem von uns eine selbstverständliche Bereitschaft zur Solidarität, geboren damals, vor zehn oder zwölf Jahren, als der ganze Zug an einer einzigen Zigarette rauchte. Es ist, als ob uns das Menschliche weniger fremd wäre. Es ist, als könnten zwei, die im Krieg waren, sobald sie sich treffen, ohne einander näher zu prüfen, gemeinsam etwa auf die Walz gehen – oder ins Gefängnis – oder in die Kaserne – oder in eine Gefahr – oder sonst überallhin, wo man solidarisch sein darf. Ich wittere mit einem untrüglichen Instinkt, ob einer damals entbehrlich war oder unentbehrlich.

Dieser Herr H. war entbehrlich. Sein weites, materiell offenbar gesichertes Haus steht allen offen, die es besuchen wollen. Frau B. wohnte bei ihm. Der Schriftsteller H. Dem lieh er Geld, und jenem schenkte er es. Als die Revolution ausbrach, war sein Leben bedroht. (Er ist Sozialist.) Er hat einen klugen Mut, der mehr wert ist als nur Mut. Er liest und rechnet dennoch, verdient Geld und gibt es dennoch aus. In seinem Haus herrscht das Gesetz der Freizügigkeit, wie nur noch in guten russischen und polnischen Häusern. (In den meisten Wohnungen im westlichen Europa fühlt sich der Gast an den Stuhl gekettet, den man ihm angewiesen hat.)

Von wievielen könnte ich Ihnen noch berichten! Ich wollte, Sie kennten sie! Den Doktor S., der stark, vital, dunkel, in die Breite gleichsam lebend, dennoch einsam bleibt, jede seiner animalischen, gesunden Äußerungen mit einem Schuß intellektueller Bitterkeit würzt, wie man Salz streut auf Fleisch. Und nur an einen einzigen Mann – leider ist er ein Pazifist – denke ich nicht ohne Schrecken zurück. Dieser Mann, in dessen Zimmer ich eine halbe Stunde saß, vermochte es, mir meinen eingeborenen Widerwillen gegen »Opfer« und »Heilige« für das nächste Jahrzehnt zu bestätigen. Ich liebe die persönliche Begegnung mit dem Fanatismus nicht, es scheint mir, er habe etwas Unreines, besonders wenn er aus gleichgültigen Menschen flammt. Dieser Mann, Pazifist um jeden Preis, bildete seinen Fanatismus aus »Verdrängungen«. Er hat strahlende, blaue

Augen in einem weißen gepflegten Gesicht, die Friedlichkeit blitzt kampfbereit aus ihnen, tausend kleine Weltkriege führt er im Tag. Meiner Begleiterin, die gar kein politisches Interesse hatte, las er mit jener sonoren Stimme, die zuerst für das eigene Ohr zu sprechen scheint, aber vom fremden gehört werden will, einen Artikel vor, den er eben geschrieben hatte. Wie freudig kostete die Stimme von den Leckerbissen der Ironie, und dort, wo er es dem Gegner besonders gut gegeben hatte, verweilte die Stimme wie auf Gipfeln, von denen sie Ausschau halten konnte. Man erzählte mir, dieser Mann hätte viele schwere Opfer gebracht. Ich zweifle nicht daran. Ich habe nichts gegen den Mann. Nur gegen die Armseligkeit der menschlichen Natur, deren Eitelkeit noch größer sein kann als ihr Schmerz, nur gegen diese Eitelkeit, die sich sogar vom Leid, sogar von der heiligen Überzeugung, sogar vom eigenen Fanatismus nährt und fett wird. Begegnungen mit einfachen Menschen sind mir lieber, das heißt mit jenen, deren Verstand mindestens so stark ist wie ihre Überzeugung.
Dem Herrn H. habe ich einige Erfahrungen zu verdanken, die ich im Warenhaus bei der Beobachtung der proletarischen Kunden sammeln konnte. Darüber will ich Ihnen nächstens schreiben.

Ihr Cuneus.

[16.12.1927]

DAS WARENHAUS UND DAS DENKMAL

Lieber Freund,

ich habe Ihnen das letzte Mal – es ist etwas lange her – versprochen, von einigen Eindrücken in einem Neunkirchener Warenhaus zu erzählen, dessen liebenswürdiger Besitzer mir erlaubt hatte, in seinen Räumen nach meinem Gutdünken zu tun und entweder hinter den Ladentischen als Verkäufer oder vor ihnen als Käufer aufzutreten. Ich wählte wegen meiner Unfähigkeit, das Eine und das Andere zu sein, die etwas schwer zu definierende Rolle eines Beobachters, den man für einen »stillen Teilhaber« halten mochte oder für einen (in Neunkirchen überflüssigen) Detektiv oder für einen Direktor und Personalchef.

Es war der Nachmittag eines Tages, an dem die Arbeiter Geld bekommen. Das sind, wie Sie wissen werden, die Feiertage des Proletariats. Der Mensch ist imstande, nicht nur eine Tugend, sondern sogar noch einen Feiertag aus der Not zu machen. Und statt an den Vorräten eines Warenhauses zu erkennen, wie wenig sie eigentlich einkaufen kann, denkt die Frau eines Arbeiters nur an den Ort, in dem man überhaupt einkaufen kann. Sie hat so wenig und so selten Geld, daß sie geneigt ist, es zu überschätzen.

Es war also ein Nachmittag und ich ging durch die Hauptstraße von Neunkirchen, deren verrußte Traurigkeit ich Ihnen schon einmal beschrieben habe. In kleinen Gruppen, Kinder an der Hand, gingen Frauen. Sie blieben vor den Schaufenstern stehen, ehe sie in die Läden traten. Ich kam an dem Denkmal des Industriellen Stumm vorbei, des »König Stumm«, wie er im Saargebiet heißt – und zum ersten Male blieb ich stehen, es zu betrachten. Das Denkmal ist bescheidener als die Rolle, die der lebendige Mann gespielt hat. Es steht seitwärts, vor dem Eingang zum Stummschen Werk, weniger sichtbar als ein Denkmal gewöhnlich ist, und eher beobachtend, wie ein Mensch auf einem Posten. Ja, es ist immer noch so, als stünde der tote Stumm da, um das Gehen und Kommen seiner Angestellten und Arbeiter im Auge zu behalten, er erfüllt seine Pflicht als sein Denkmal und erhält so doppelt sein eigenes Andenken. Da steht er nun, in einem verewigten Zivil, ohne monumentale Geste, mit der ganzen äußeren Bescheidenheit seiner Lebzeiten, kein lauter Imperator, ein stummer König, König Stumm. Der Eingang zu seinem Werk ist imposanter als er, er selbst bleibt im Schatten, respektive im Feuer seiner Hochöfen. Ein Bürger, mit bürgerlichem Hut, im länglichen Rock, der auch ein Überzieher sein könnte. Ruß, Staub und Regen regneten auf ihn. Kein lebendiger Portier möchte so dastehen. Sie werden mir ohne weiteres glauben, daß ich nicht dazu neige, Großindustrielle als solche zu lieben. Aber ich kann beim Anblick dieses Denkmals (das übrigens zu kunstlos ist, um schlecht zu sein) eine gewisse Achtung auch vor der absichtlich demonstrier-

[Stumm-Denkmal]

»*Aber es liegt eine gewisse versöhnende Naivität in dieser Pose, in der sie sich dem eigenen Ruß ausliefern, und in ihrer heiligen Überzeugung von ihrem Gottesgnadentum...*«

ten Demut des Mannes nicht unterdrücken. Die Industrie-Diktatoren seines Schlages posieren zwar eine bescheidene Zurückhaltung und auf die patriarchalische Herzensgüte, mit der sie den Ertrag steigern, gäbe ihnen heutzutage kein Arbeiter einen Vorschuß Pietät. Aber es liegt eine gewisse versöhnende Naivität in dieser Pose, in der sie sich dem eigenen Ruß ausliefern, und in ihrer heiligen Überzeugung von ihrem Gottesgnadentum, aus dem sie, wie Stumm, das Recht herleiteten, das Privatleben und das Wahlrecht ihrer Arbeiter zu bewachen. Man kann in diesem Denkmal Stumms (dessen Erbe übrigens nicht unversehrt, noch ungeteilt geblieben ist) ein Denkmal einer ganzen Zeit, eines ganzen Unternehmergeschlechts sehen. Es war das Geschlecht der patriarchalischen Herzen aus Eisen und Stahl.

Schräg gegenüber ist das Warenhaus. In kleinen Trupps kommen die Frauen und Töchter und Kinder der Arbeiter. Sie sehen, wenn sie eintreten, noch schmaler aus, kleiner, enger, denn das Haus ist hoch und groß, viele Waren liegen da, die Preise obenauf, jeder Strumpf nennt ungefragt seinen Wert. Vieles ist hier zu haben, aber nichts umsonst, Verkäufer warten, Waren warten, gläserne Kassen warten, auf Geld, auf Geld, auf Geld. Vielleicht fühlen erst jetzt die Frauen, während sie eintreten, wie wenig sie haben. Denn was zu Hause noch kein Bedürfnis war, kann hier plötzlich eines werden, es liegt ein Stück da und erinnert daran, daß es gebraucht wird. Jeder neue Schuh gemahnt an den alten zerrissenen, den man leider trägt, jeder wollene Strumpf an den baumwollenen, in dem man leider friert, jeder warme Mantel an den alten kalten, in dem man leider steckt.

Ich beschloß, eine einzige Frau, die einen Knaben führte, von Stand zu Stand zu begleiten, und ich will versuchen, sie Ihnen zu beschreiben. Sie trug ein langes Kleid, schwarz, einen schwarzen glockenförmigen Mantel darüber, hohe Männerschuhe, keinen Hut, war zwischen Vierzig und Fünfundvierzig. Ihr Haar war mit Sorgfalt frisiert, fahlblond, aus der Stirn gekämmt, oben von einem breiten gelben Kamm gekrönt und gehalten, rückwärts aus dem Nacken gezogen, ebenso straff wie vorne aus der Stirn, in der Mitte geknotet und noch einmal von einem breiten Kamm abgezäunt, so daß es aussah wie ein Haarberg zwischen zwei Mauern. Man sah viele Falten auf der hohen, künstlich erweiterten Stirn, sie waren klar, fast wie Tätowierungen, von gleichsam sehr gewissenhaften Sorgen eingebrannt. Die Augenlider waren zu schwer für die kleinen hellen, flachen Augen, sie hatten einen Überschuß an lockerer Haut. Über einem weichen guten Mund aber, der an einen nach oben geöffneten, sanften Bogen erinnerte, lag eine feine, schmale Rinne in der Oberlippe, darüber eine kräftige Nase mit breiten Flügeln, stark, sinnlich und gut. Diese Partie des Gesichts hätte für sich allein sehr schön sein können. Aber die obere Gesichtshälfte lag über der unteren, wie eine Wolke über dem Sommer, wie das Alter über der Jugend, wie das Verhängnis über einem Glück. Aus schmalen schwarzen Ärmeln kamen hellgraue Zwirnhandschuhe. Die linke Hand hielt den metallenen Mund einer

alten Lacktasche fest, eine zweite große gestrickte Tasche
hing am Arm. Als die Frau die Tür öffnete, ließ sie den Knaben vorgehn, und da ihre Linke so wichtige Dinge bewahrte,
mußte sie eine Vierteldrehung vollziehen, ehe sie ganz ein-
trat. Es war rührend, wie sie den Versuch machte, die Tür,
die selbst zufiel, auch noch persönlich zu schließen. Ich stellte
mir vor, wie leicht es wäre, sie in eine Dame der guten Gesellschaft zu verwandeln. Ich schnitt ihr Haar und ihren Rock
um gute anderthalb Meter ab, warf eine Haarwelle über ihre
Stirn, steckte schwarze Halbschuhe aus Wildleder an ihre
Füße. Schon stand sie da in dunkelgrauen seidenen Strümpfen, trat frei durch Türen, die nicht nur selbst zufallen konnten, sondern sich auch selbst geöffnet hatten – und sie war
eine Bürgerin, wie etwa die Frau eines Ingenieurs. Warum
nicht? Wie gering kann der Unterschied zwischen den Frauen
der verschiedenen Schichten sein! Oder wie leicht ist er zu-
mindest zu verwischen!
Sie blieb vor den Strümpfen stehn, zog einen Handschuh
aus, legte ihn in die gestrickte Tasche, verwahrte ihn vor Ver-
lust und Einbruch und besichtigte Strümpfe zu fünfzehn
Francs. Sie sprach kein Wort. Sie zog einen Strumpf nach
dem andern über die Hand, führte ihn nahe an die Augen,
streifte ihn wieder ab. Sie besichtigte Fersen, Nähte, Sohlen,
ließ den Knaben ihre Lacktasche halten und prüfte mit
beiden Händen die Haltbarkeit und es dauerte eine Viertelstunde; da hatte sie ein Paar, schlangenfarbig, mit Zick-
Zack-Linien, nicht schön, aber fest. Hierauf ging sie, ohne zu

kaufen, Decken sehn. Sie prüfte jede, fragte nach den Preisen, legte sie wieder zurück. Ging hinauf in die Knabenabteilung. Verlangte ein Paar blaue Höschen, in der Farbe sollten sie zum Rock des Kindes passen. Nun zeigte man ihr Hosen, sie ging hinter den Ladentisch, zum Fenster, verglich die Hose mit dem Rock. Aber den Rock hatte das Kind schon sechs Monate getragen, er war blaß geworden, und die neuen Hosen waren dunkel, doppelt dunkel. Sie waren so billig, daß der Verkäufer sagen durfte: »Im Tragen läßt die Farbe nach.« – Wie verschieden, dachte ich, können die Vorzüge einer Ware sein. Wäre diese Frau jene Dame, in die ich sie früher verwandelt hatte, käme sie mit einem edlen Knaben und womöglich mit einem Hund, der Verkäufer würde sich beeilen zu versichern: »Diese Farbe läßt im Tragen nicht eine Spur nach, gnädige Frau!« Dieser Frau half die Wahrheit gar nichts. Denn nicht einmal diese Hose, die fünfundzwanzig Francs kostete, konnte sie kaufen. Sie wollte nicht, daß die Hosen anders aussehen als der Rock. Einen ganzen Anzug konnte sie nicht kaufen. Aber es sollte doch aussehen wie ein einziger Anzug, aus *einem* Stück. Dabei besaß sie dem Verkäufer gegenüber nicht genug Autorität und gegen seine Wollkenntnis konnte sie nicht aufkommen. »Es ist ganz genau die gleiche Qualität«, sagte er. »Es ist eine andere Farbe«, erwiderte sie. »Die Farbe wird dann nach kurzer Zeit genau so«, widersprach er. Und als ich mich näherte, begann die Arme zu fürchten, daß sie jetzt endlich erliegen würde. Hatte sie dem Verkäufer noch standhalten können – einem Mann, der da so herumging wie ein stiller Teilhaber und seine kostbaren Kräfte für schwierige Kunden aufsparte, konnte sie nichts entgegensetzen. Deshalb log sie, als ich am Tische stand, und wurde rot: »Ich bin nämlich gar nicht die Mutter! Wenn ich seine Mutter wäre, aber, Sie verstehen, für ein fremdes Kind kann ich mich nicht entschließen.« Und sie nahm beide Taschen vom Tisch und ging zur Kasse und bezahlte fünfzehn Francs, nachdem sie anderthalb Stunden zu kaufen versucht hatte.

Sie ging, ging wie jemand, der eine Prüfung nicht bestanden hat. Alle diese Frauen stehn ja vor dem Einkauf wie vor einer Prüfung. In diesem Warenhaus ist es leicht, zu verkaufen. Die Menschen sehn zu den Verkäufern auf wie zu Helfern und Ratgebern, die Verkäufer stehn am Rand der höheren sozialen Schicht und besitzen die Autorität der Modegelehrten, der um Sitte und Brauch Bescheid Wissenden. »Wie steht mir dieser Mantel?« – fragt in der Frauenabteilung die Arbeiterin das Mädchen. »Ich empfehle Ihnen« und »ich rate Ihnen« sind die üblichen Formeln der Verkäufer.

Entsinnen Sie sich, wie wir vor drei Jahren zusammen durch die großen Modehäuser der großen Stadt gingen, die an Wintergärten erinnern? Wie die schönen kleinen Verkäuferinnen (sie sahen alle aus wie Blumenmädchen) unter der ebenso schönen, stolzen, tyrannischen Souveränität der Käuferinnen seufzten? Wie diese Frauen mit spitzen, spielenden und im Spiel grausamen Fingern die Schleifen, die Stoffe, die Seiden und die künstlichen Blumen hoben und fallen ließen, noch schätzten und schon mißachteten, noch liebkosten und schon verwarfen, schon zu Neuem hingezogen, wieder zum Alten heimkehrten, kommandierten und fragten, mit der Freiheit, die nicht immer nur vom Geld kommt, sondern von der Schönheit, dem Selbstbewußtsein, dem siegreichen Blick und der anmutigen Handbewegung? Warum nicht hier?

Warum? Als ich wieder an dem bescheidenen Denkmal des bescheidenen Königs vorbeikam, dachte ich (ein keineswegs zum Richter Befugter, einer, der sich nur zu ahnen erlauben darf), daß Zusammenhänge bestehen zwischen Denkmal und Einkaufsfurcht im Warenhaus und Subalternität; Zusammenhänge zwischen einer demütigen Unsicherheit, die sich bis ins dritte und vierte Geschlecht fortpflanzt, und einer patriarchalischen Erziehung durch einen Unternehmer, der sich um Ehe und Verlobung, Wochenlohn und politische Gesinnung, Kindertaufe und Sargbeschaffenheit der Untertanen kümmert. Der die »väterliche Hand« zur »eisernen Faust« schließt und die »spartanische Zucht« zu einer nationalen Tugend erhebt. Man muß – – – was muß man?

Es bleibt mir noch übrig, Ihnen über zwei Besuche im Saargebiet zu berichten: über ein Werk und über die Kirche. Ich schreibe Ihnen darüber im nächsten Brief.

Ich begrüße Sie herzlich,

Ihr Cuneus.

[12.1.1928]

DAS WERK

Lieber Freund, ich erinnere Sie an das Wort von Pierre
Hamp, das Sie mir einmal zitierten, als wir vom »Segen
der Arbeit« sprachen: »*Par le travail, où l'on ne chante
plus, se fait un grand œuvre d'abatissement humain.
L'ouvrier n'aime plus son métier, et cela ébranle le
monde.*« Das schrieb Pierre Hamp in einem Lande, dessen
Menschen schwieriger vielleicht als andere ein friedliches
Verhältnis zur Technik finden können – die Begründung
bleibe ich Ihnen vorläufig schuldig, sie gehört in ein anderes
Kapitel – und in einer Zeit, in der die Maschine nur erst als
ein brutaler, Menschen verzehrender Mechanismus erschien
(ähnlich, wie sie in manchen heutigen verspäteten roman-
tisch-sozialen Kunstwerken dargestellt wird) und noch nicht
als das komplizierte Produkt menschlichen Geistes, von dem
allein es abhängt, ob der Mechanismus ein Freund oder ein
Feind des Menschen werde. Ich glaube, mich überzeugt zu
haben, daß Pierre Hamp nicht überall und nicht unter allen
Umständen recht hat. Der Arbeiter singt nicht mehr, weil der
weit mächtigere Gesang der Maschine ihn zum Schweigen
gebracht hat, und in seinem Lauschen liegt heute vielleicht
ebensoviel andächtige Lust wie ehedem in seinem Lied. Der
intelligente Arbeiter von heute liebt sogar sein »*métier*«.

Man muß nur sehen, wie interessiert er alle technischen Entwicklungen beobachtet, die sein Spezialfach angehn. Ja, es scheint, daß seit der Zeit, in der das Mechanische sich dem Organischen anzunähern beginnt, die Symbolkraft des »sausenden Rads« schwächer und eine Art Nervensystem der Maschine erkennbar wird, sie langsam aufhört, ein »feindliches Element« zu werden. Nebenbei gesagt ist unter anderem auch deshalb die Romantik jener Literatur, die ich nach dem berüchtigten Film die »Metropolis-Literatur« nennen möchte, vollkommen falsch, die Romantik, die gehirnlose Maschinenmenschen voraussieht und das Menschliche im Mechanischen nicht erkennt; die nicht weiß, daß es ein Stadium gibt, in dem nicht der Mensch sich der Maschine, sondern umgekehrt: sie dem Menschen sich anpaßt.

Denkt man daran, das heißt: befreit man sich von den überlieferten Vorstellungen: »Sklaven der Maschine«, so ist der Besuch eines Werks nicht trauriger als der eines Spitals zum Beispiel, eines Waisenhauses oder einer Arbeiterkolonie. Er ist allerdings auch nicht »erhebend«, wie ihn die Fanatiker der »rauchenden Schlote« und die Besinger der »flammenden Hochöfen« nennen mögen. Das Werk ist grau und gewöhnlich, wie der Tag war, an dem ich hinging. Man erzeugt dort keine Gedichte, sondern Schienen, Drähte, Eisen, Stahl. Die Tendenz der Werkbesitzer ist: Geld zu verdienen, und der Wunsch der Werkarbeiter: ihr Leben zu fristen. Lauter alltägliche Angelegenheiten.

Das Tor ist breit und offen. Ich vermisse hier die gewohnte

Warnung: Unbefugten ist der Eintritt verboten. Aber es scheint, daß eine so mächtige Institution eines solchen Verbots nicht mehr bedarf und daß nicht damit gerechnet wird, es könnte ein Unbefugter Lust bekommen, hier einzutreten. Links hinter dem Eingang steht übrigens schon das Häuschen des Pförtners. Niedlich fast, gelbrot, aus Ziegelchen, ein Wetterhäuschen wie in einem Schaufenster. Dahinter ist das Verwaltungsgebäude. Noch vor dem Eingang arbeitet ein Motor. Eisenfunken sprühen – ich weiß nicht, welchen Zweck er hat – und eine Tafel mahnt: »Vorsicht!« Er erinnert mich, der ich seinen Zweck nicht verstehe, an eine Art mechanischen Wachhundes. Das Verwaltungsgebäude ist hell, klar, kahl. Livrierte Botenjungen, Glockensignale, Nummern, die auf Täfelchen herausspringen, Wartezimmer, Herren, die mit der üblichen Würde über den Korridor gehn, Schlüssel am Zeigefinger. Es ist still wie in einem Spital. Wartende rascheln mit Zeitschriften. Eine Glocke schnarrt. Man holt mich.

Zehn Minuten später verlasse ich durch eine rückwärtige Tür das Verwaltungshaus. Vor mir liegt das Werk. Wirr und öde für einen, der sich nicht auskennt. Hochöfen und Schornsteine nehmen sich in der Ferne sehr regelmäßig aus, aufgerichtet nach einem genauen und leicht übersichtlichen Plan. Tritt man in ihre Nähe, ist die Symmetrie dahin. Ein planloser Haufen sind sie. Willkür scheint sie errichtet zu haben. Dennoch ist sicherlich die Wirrsal jetzt ebenso scheinbar, wie es früher die Planmäßigkeit gewesen ist. Der größte Teil dieses Werkes liegt frei. Ich weiß nicht, ob es in allen Werken so ist. Hier jedenfalls geht ein Wind, wie durch Ruinen. Keine Wände, ihn zu hindern. Der Boden: Schutt, Geröll und Asche. Hellgrauer zäher Schlamm. Deutliche Räder- und Fußspuren. Wüßte ich nicht, daß hier gearbeitet wird, ich könnte glauben, es würde hier aufgeräumt. Das Tageslicht, obwohl Wände nicht seinen Einbruch hindern, bekommt hier eine ungewohnte Schattierung. Es wird braun und grau. Es saugt Eisensplitterchen und Rauchmoleküle auf, wie ein Löschblatt Tinte. Es liegt alles so zufällig nebeneinander wie auf einem Bauplatz, nicht wie zum Beispiel in einer Fabrik. Es ist, als arbeitete man hier nicht in einem bereits Errichteten, sondern an etwas zu Errichtendem. Der Raum ist gleichsam nicht eingefangen, er ist zügellos, sich selbst überlassen und seiner eigenen, brutalen Willkür, sich rohe, barbarische Formen zu schaffen. Über mir, vor mir, hinter und neben mir rollen an Seilen Wägelchen, eiserne Kränchen, leere und beladene, sicherlich einem Ziele zu. Dennoch ist es so, als hätten sie keines. Vielleicht täuscht mich ihre Wirrnis und ihre Überzahl, vielleicht aber auch ihre Langsamkeit. Denn sie ziehen durch die Luft mit der Trägheit schwerer Insekten und eine Art grollendes Summen begleitet ihr Schweben. Dazwischen klingt der quietschende Aufschrei eines unwilligen, wahrscheinlich rostigen Gelenks. Über den kleinen Wagen ziehen große, schwere, schwarze Kräne ihre Viertel- und halben Kreise, ganz langsam und fast pathetisch. Wüßte man nicht, daß oben in einem kleinen Glashäuschen ein Mann sitzt, der sie lenkt, man fände die intelligente Sicherheit, mit der sie ruhen und sich wieder in Bewegung setzen und wieder ausruhen, unheimlich. Sie bleiben still, lassen eine riesige Zange sinken, wie einen lockeren, aber starken Arm mit gespreizten zwei Fingern, ergreifen kneifend einen Block Eisen, ziehen den Arm wieder ein, drehen sich langsam zurück, lassen den Block weich und sachte in einen Wagen fallen, legen ihn nieder, behutsam, als könnte er sich wehtun. Es ist, als würde nicht Eisen auf Eisen gelegt, sondern eine Flocke auf Kissen. Eine gewisse Würde, fast von einer Symbolkraft, offenbart sich in diesen fünf, sechs langsam hin- und zurückschwebenden großen Kränen, unter denen die nur wenig gelenkigen kleinen Kränchen wie spielende Kinder aussehn. Es ist in den großen die Langsamkeit eines Zeremoniells. Sie symbolisieren sozusagen die »Weihe der Arbeit«.

Ich steige eine schmale bebende Wendeltreppe hinauf, sie ist ein bißchen rührend, zart, gebrechlich scheint sie, obwohl sie aus Eisen besteht – – und sie erinnert trotzdem an eine Schlingpflanze, frei, in der Luft emporgerankt zu einer Art Terrasse. Es wird heiß, obwohl es ringsum frei ist und man den Himmel sehn kann. Ich stehe auf Brettern, gelegt auf einen Grund aus Schlamm, Lehm, Sand. Von irgendeinem fernen, sachten und dennoch sehr starken, gleichsam verpackten Gepolter schüttert der Boden, auf dem ich stehe, mit mir. Zuweilen ist es, als stünde ich auf der Plattform einer Lokomotive. Vor mir sehe ich einen riesigen, schwebenden Kessel, eine Art überdimensionalen Kochtopf, dessen Öffnung sich mir langsam zuzuwenden beginnt. Flüssiges Feuer kocht in diesem Kessel. Langsam, gewichtig und dennoch mühelos dreht er sich. Jetzt gähnt mir sein Mund entgegen. Jetzt sehe ich, geblendet, was er enthält: einen silberweißen, bläulich durchsprenkelten, rötlich durchzuckten, spröden, knisternden Brei aus Feuer. Eine merkwürdige Art von Brei. Er hat die Elastizität, aber nicht die behagliche Weichheit eines Schlamms. Er ist zähflüssig wie dieser, aber nicht so klebrig. Es ist, als bewahrte das Feuer seinen Stolz, seine gefährliche schneidende Härte, seine Schwert-, Lanzen- und Messerähnlichkeit auch noch dort, wo man es fast für Wasser halten könnte. Und wo ein gewöhnlicher Schlamm vielleicht Blasen bilden würde, sprüht dieser Feuerschlamm Funken. Sie spritzen mir entgegen, auf mein Gesicht, auf meine Kleider, meine Haare. Aber sie haben ein kurzes Leben. An der Peripherie der dichtesten, komprimiertesten Hitze gleichsam sterben sie schon und der Elan, mit dem sie aus dem Kessel sprangen, eine Welt in Brand zu setzen, war vergeblich. Dennoch wäre es mir peinlich, den Platz jenes Arbeiters einzunehmen, der unmittelbar vor dem Kessel steht, eine Uhr in der Hand, ein Kommando rufend, in einem feuersicheren Kleid, merkwürdigerweise ohne Brille. Wenn man zehn Jahre lang jeden Tag vor diesem Kessel steht, muß das Blut, so denke ich, ein anderes Tempo bekommen haben, es rollt nicht mehr, wie von der Natur vorgesehen, durch die Adern, den Körper beherrschen andere Temperaturgesetze und selbst das Gehirn denkt nach anderen Normen. Ich stelle mir vor, daß die Gedanken dieses Mannes einen jäheren Flug und eine kürzere Dauer haben müssen. Derlei hat die Wissenschaft wahrscheinlich noch nicht ergründet und es wird infolgedessen von der sozialen Gesetzgebung auch gar nicht in Betracht gezogen.

Und immer wieder neigt sich ein anderer der drei nebeneinander schwebenden Feuerkessel und schüttet seinen Inhalt aus. Dann bricht für einen Augenblick ein weißer Glanz aus, ein Glanz wie von einem der flüssigen Himmelskörper, die wir uns nur vorstellen können. Oben aus dem Hochofen regnet es in diesem Augenblick Feuer gegen den Himmel und ich sehe heute die Ursache – die ich übrigens nicht verstehe – jenes Schauspiel, das mich Nacht für Nacht beschäftigt hat. Mir ist, als hätte ich nun den Schleier eines Geheimnisses in der Hand, aber nicht gelüftet. Ich wüßte, wollte ich weiterforschen, wohin die Schlacke kommt und wohin die überflüssigen, übrigens immer auch noch verwendbaren Gase. Aber ich suche ja gar nicht nach diesen Realitäten. Wenn ich wüßte, was in diesem Augenblick in der Seele des Arbeiters vorgeht, der geradewegs ins weiße Feuer sieht! Aber ich erführe doch nur, was mit der Schlacke geschieht!

Hinunter zu den Plätzen, wo die Schienen entstehn, die Stangen, die Drähte! Das sind die großen, ein wenig schiefen Ebenen, auf denen in vorgeschriebenen, gewundenen Bahnen die Eisen hervorschießen, zischend, glühendrot, zornigen Schlangen gleich, ein Spektakel, das sich zehnmal in der Minute wiederholt und dessen man niemals müde wird. Am besten gefallen mir die dünnen Drähte. Ihre Kurven sind die elegantesten und lebendigsten, es ist wirklich, als gehörten sie eher in das Bereich der Zoologie als in das der Technik, sie entspringen im Hintergrund ganz schmalen Löchern, lassen ein leises, geradezu distinguiertes Zischen vernehmen und sind die Aristokraten unter den feurigen Schlangen. Mit einem kühnen grellroten Elan springen sie in die Welt. Mit einer hurtigen, sechsmal gewundenen, edlen Zartheit schlängeln sie sich die Bahn abwärts, verändern schnell das grelle Rot in ein dunkles, purpurenes, schließlich in ein braunes, sie werden alt, aber sie würden trotzdem noch eine Weile sich so fortwinden im schlanken, schießenden Lauf, ergriffe sie nicht ein aufmerksamer Mann mit einer scharfen, schneidenden Zange. Er zwickt sie ab, eine Schlange nach der andern, er lauert ihnen auf, gerade wenn sie mitten im schönsten Bogen sind, unterbricht er ihren Lauf und ihr Leben, trägt sie seitwärts, löscht sie aus. So ähnlich schlängeln sich vielleicht unsere Lebensfäden in der Unterwelt und die Parze steht da mit der Zwickzange. Eine Viertelstunde später sind es keine Schlangen mehr, es sind Drähte, aus denen man Gitter machen kann und Rattenfallen und allerhand Dinge.

Sechs- bis neunhundert Francs verdienen die Werkarbeiter im Saargebiet, nicht mehr, eher weniger als die in den Kohlengruben. Ich sprach beim Mittagessen mit dem Beamten eines andern Werks darüber, der mein Entsetzen merkte und mich zu trösten versuchte: »Da sind so viele Arbeiter, sie laufen auf dem großen Werk herum, viele drücken sich, arbeiten gar nichts – das wäre in den Gruben unmöglich.«

[Neunkirchen, um 1920]

»*Wir wissen selbst, daß die Industrie unseren Städten
manch häßliches Pflaster ins Gesicht geklebt hat.*«
[Saarbrücker Zeitung, 17.12.1927]

»Es kam als Antwort das Argument, das ich natürlich
vorausgeahnt hatte: 'Es ist Gewohnheit.'
So lautet der Trost der Gedankenlosigkeit.«

»Ja«, erwiderte ich, »aber geben Sie zu, daß es kein Vergnügen ist, in diesem Werk spazieren zu laufen. Es sieht nicht aus wie ein Sanatoriumspark.« Es kam als Antwort das Argument, das ich natürlich vorausgeahnt hatte: »Es ist Gewohnheit.« So lautet der Trost der Gedankenlosigkeit. Es gibt eine ganze Lehre, die sich auf Theorie von der »Gewohnheit« aufbaut. Man könnte von einer nationalökonomischen Richtung der Gewohnheits-Theoretiker sprechen. Als ob die Gewohnheit mit dem Schlimmen schon das Gute entbehrlich machte! Und als ob zum Beispiel einer, der sich ans Frieren gewöhnt hätte, die Wärme entbehren könnte! Der Hinweis auf die »Gewohnheit« ist der Trost der unzulänglichen Herzensgüte.

Merkwürdig war, daß derselbe Beamte ebenfalls über seine schmalen Einkünfte klagte. Er bekam 1600 Francs, hatte eine geschiedene Frau und eine neue, drei Kinder, zwei Häuser zu versorgen. Nach seiner eigenen Theorie hätte er doch eigentlich schon daran »gewöhnt« sein müssen. Aber offenbar kann sich niemand selbst an das Leid gewöhnen, obwohl jeder glaubt, just der andere könnte es.

Es war ein Samstag. Und ich beschloß, am nächsten Tag in die Kirche zu gehn – wo bis auf weiteres immer noch der Trost gefunden wird, den die Sozialpolitik nicht geben kann. Darüber das nächste Mal.

Ihr Cuneus.

[28.1.1928]

EINE ANTWORT VON CUNEUS

In einem meiner letzten »*Briefe aus Deutschland*« habe
ich meinem Adressaten Mitteilung gemacht von einer Kritik meiner Berichterstattung in einem Saarbrücker Blatt, die
ein Mann mit dem Pseudonym »Matz« vorgenommen hatte.
Am 18. Dezember des vergangenen Jahres antwortete mir
derselbe noch einmal. Ich hätte, meint er, für den Humor
seines Artikels kein Verständnis gehabt, vielleicht deshalb,
weil er, als der wahre Humor, die Übertreibung liebe, während ich auch dort billige Witze machte, wo es nichts zu
scherzen gäbe. Ich zählte zwar zu den »literarischen Chargen«, doch hätten sich auch andere namhafte Leute schon
geirrt, ohne sich zu ärgern. Sicherlich aber wäre ich gar
nicht auf die Anwürfe eingegangen, wenn ich nicht *vom
Verlag und der Redaktion meines »Leiborgans« zum
»Einlenken genötigt«* worden wäre. Denn es sei ein Einlenken – und darüber helfe meine »geschliffene Diktion«
nicht hinweg –, wenn ich plötzlich von der Intelligenz des
Saargebiets schriebe. Die »*Frankfurter Zeitung*« hätte sich
durch ein »unfaires Konkurrenzmanöver« seinerzeit ins
Saargebiet »eingeschmuggelt« und nun läge ihr daran, ihre
Abonnenten nicht zu verlieren.
Ich gestehe, daß es mir unmöglich ist, auf die Vorwürfe zu

erwidern, die mir persönlich von jener Zeitung gemacht wurden. Dazu fehlt mir vielleicht eine genügend *ungeschliffene* Diktion. Auch habe ich kein Verständnis für den Humor von Matz. Ich bin viel eher geneigt, ihn für tragisch zu halten. Man wird, wenn man uns liest, allmählich gemerkt haben, daß wir zwei ganz verschiedene, ja sogar entgegengesetzte Naturen sind, von denen die eine gerade dann lacht, wenn die andere weinen könnte, und umgekehrt. Es wäre also unsinnig, die Öffentlichkeit mit der Demonstration unserer Gegensätze zu beschäftigen. Jeder von uns beiden empfindet anders und reagiert anders. Infolgedessen ist die Realität für uns beide nicht die gleiche.

Aber unter allen Umständen bleibt die *schriftstellerische Ehrlichkeit* ein absoluter Begriff, unabhängig von der Relativität unserer subjektiven Wahrheiten. Jener nun meint, ein Verlag und eine Redaktion könnten (selbst wenn sie wollten) einen Schriftsteller bewegen, »einzulenken«, das heißt in diesem Falle: Eindrücke, die er einmal gewonnen hat, nachträglich zu korrigieren. Ohne eine entfernte Ahnung von der moralischen Ungeheuerlichkeit seiner Anschauung zu verraten, meint jener, eine geschäftliche Rücksicht könnte irgendeinen Einfluß auf einen Berichterstatter haben, der ausgeschickt wurde, *Tatsachen zu schreiben.* Jener meint, man hätte eine »geschliffene Diktion« zum Vertuschen und ein Schriftsteller, dem das Wort heilig ist und der Ausdruck eine Manifestation des Gewissens, brächte jemals die *Feigheit* auf, sich von seinem Auftraggeber »nötigen« zu lassen.

Ist es also soweit gekommen, daß ein Journalist öffentlich mitteilen kann, ein anderer wäre von seiner Redaktion *genötigt* worden –, in dem Ton mitteilen kann, in dem man etwa berichtet, ein Börsenjobber hätte sich »umgestellt«?! – –

Diese Zeitung, an der ich die große Ehre mitzuarbeiten habe, wird freilich kein anderer als jener Ahnungslose verdächtigen, sie gebe ihren Berichterstattern ebenso von Rücksichten auf das Inseratengeschäft diktierte Aufträge, wie es andere Unternehmungen vielleicht tun mögen, mit deren Sitten mein Humorist besser vertraut ist. Von dem Blatt, das seine ganze Wirkung nur seiner lauteren Gesinnung zu verdanken hat und das mitten in einer Welt, in der man einem Schriftsteller zutraut, er lasse sich nötigen, mehr ist als eine Zeitung, nämlich: ein täglich dreimal erscheinender Appell an das Gewissen, wird kein Leser, kein Mitarbeiter annehmen, daß es unsauberer Konkurrenzmanöver bedarf, um sich irgendwo »einzuschmuggeln«. Es ist, als wenn man der weithin vernehmbaren Stimme eines Redners zumutete, sie hätte sich mittels unsauberer Konkurrenzmanöver eine Schallwelle dienstbar gemacht; einem Theater von unermeßlicher Wichtigkeit, es hätte sich die Gunst seines Publikums erschlichen. Wie?! Ein Werk, das mit der Tendenz auftritt, ja dessen Wesen es ist, frei in der Freiheit zu erscheinen, hätte es nötig, sich »einzuschmuggeln«?! »Die Herren am Main« – meint Matz mit einer poetischen Umschreibung,

deren Humor mir ewig verschlossen bleiben wird –
»wissen Bescheid«. So sitzen sie halt an den Ufern des
Mains und wissen Bescheid, diese Herren. Jener aber
sitzt mitten im Strom des Geschehens – der auch kein zu
verachtender Fluß ist – und glaubt, erst recht Bescheid
zu wissen. Er glaubt zu wissen, daß ein Verlagsdirektor
»seinem« Schriftsteller sagen kann: »So dürfen Sie nicht
schreiben, mein Lieber! Flugs lenken Sie ein!«… Und daß
der Schriftsteller einlenkt…

Aber ich, so wahr ich eine »literarische Charge« bleiben
möchte, weiß es nicht, habe es nie erfahren und werde es
nie erfahren – nicht aus Angst um die »Charge«, sondern
aus Achtung vor dem Beruf, den ich ausübe, und der Zeitung, an der ich ihn ausüben darf.

Cuneus.

[28.1.1928]

[Benno Reifenberg, um 1940]

»*Eine von Roths großartigsten Reisen war die im Saargebiet.*
Er schrieb sehr aggressiv und
wir haben seine Artikel mit Wonne gebracht.«

Anmerkungen

Wendel, Hermann (S. 14):

Journalist, Biograph, Essayist; Politiker.

2.3.1884 (Metz) - 10.10.1936 (St. Cloud bei Paris).

Sohn eines preußischen Postsekretärs im »Reichsland
Elsaß-Lothringen«; befreundet mit René Schickele,
E. Stadler und O. Flake. Studium der Geschichte und
Philosophie in Straßburg und München. Sozialdemo-
kratischer Journalist (Leipziger Volkszeitung, Volksstimme, Vorwärts). 1912-1918 Mitglied des Reichs-
tags. Passionierter Reisender v.a. nach Südosteuropa
(1919-1925), zahlreiche Veröffentlichungen zur süd-
slawischen Geschichte und Politik.

Eine Reihe von Biographien (u. a. über Bebel, Heine,
Danton); sowie: »Die Marseillaise – Biographie einer Hymne« (1936).

Autobiographie: »Jugenderinnerungen eines Met-
zers« (1934). 1933 Emigration nach Frankreich, lebte
in Neuilly-sur-Seine. In den 20er Jahren zahlreiche
politische und literarische Beiträge für die »Frankfurter Zeitung« und die Saarbrücker »Volksstimme«.
Schrieb nach 1933 unter dem Pseudonym Leo Parth
für das »Neue Tage-Buch«.

Brammen (S. 45):

Eisenklumpen; Zwischenprodukt bei der Herstellung von Schmiedeeisen beim sog. Rennverfahren.

Platinen (S. 45):

Hakenförmige Stahlplättchen an einem mechanischen Webstuhl, der sog. Jacquardmaschine. Jeder Webstuhl hatte bis zu 1500 dieser Hebehaken, an denen die Kettfäden befestigt waren.

Koh-i-noor (S. 51):

Urspr. berühmter Diamant von außergewöhnlicher Größe (»Kohinur«, d.h. Lichtberg); seit Ende des 19. Jahrhunderts Name einer bekannten englischen Bleistiftmarke.

Äolus, Schlauch des (S. 54):

In der griechischen Mythologie war Äolus (bzw. Aiolos) der Gott der Winde. Mit seinen sechs Söhnen und sechs Töchtern lebte er auf einer Insel, zu der Odysseus mit seinen Gefährten gelangte. Zum Abschied schenkte ihm der Gott die in einem Schlauch verschlossenen »widrigen Winde« und behielt nur den einen, der das Schiff des Odysseus an den heimatlichen Strand führen sollte. Kurz vor Ithaka schlief der vom Steuern müde Odysseus ein und seine Gefährten öffneten den Schlauch, da sie in ihm einen Schatz vermuteten. Die ausströmenden Winde bliesen das Schiff wieder zu der Insel zurück, eine erneute Bitte um Hilfe schlug Äolus ab.

Balabanoff, Angelica (S. 63):
(auch: Balabanowa)
Sowjetisch-amerikanische Publizistin.
1875 (Kiew) - 25.11.1965 (Rom).
Dem wohlhabenden Großbürgertum entstammend, mußte sie wegen ihrer antizaristischen Gesinnung schon als Gymnasiastin Rußland verlassen. Studium in Zürich, Berlin, Leipzig, Brüssel und London. 1900 im Parteivorstand der Sozialistischen Partei Italiens (PSI). 1902-1904 Privatlehrerin in der Schweiz, wo sie Lenin und Mussolini kennenlernte. Zusammenarbeit mit Mussolini von 1912-1914 bei der Zeitung der PSI (»Avanti«). 1917 Rückkehr nach Rußland, erste Generalsekretärin der III. Internationale. 1920 Bruch mit Lenin, verließ die Sowjetunion und emigrierte zunächst nach Österreich, später nach Paris. 1937 USA. Schrieb für die sozialistische Parteizeitung »Call«.
»Erinnerungen und Erlebnisse« (1927); »Wesen und Werdegang des italienischen Faschismus« (1931); »Il traditore (The traitor). Benito Mussolini and his ‚conquest' of power« (1942); u.a.

Reichsbannerleute (S. 69):

Reichsbanner Schwarz-Rot-Gold.

Republikanischer Selbstschutzverband, 1924 von den Vertretern der Weimarer Koalition gegründet, aber fast ausschließlich von der SPD getragen. Nach dem 30.1.1933 aufgelöst.

Mussolini, Benito (S. 70):

Italienischer Politiker.

29.7.1883 (Predappio) - 28.4.1945 (Giulino di Mezzegra am Comer See).

Seit 1900 Mitglied der Sozialistischen Partei Italiens (PSI); 1909-1912 Gründer und Herausgeber der Wochenzeitung »Lotta di classe« (»Klassenkampf«); 1912-1914 Chefredakteur der Parteizeitung »Avanti«. 1914 Ausschluß aus der PSI. 1922-1943 Ministerpräsident des ersten faschistischen Staates in Europa. Von Partisanen erschossen.

Dill, Liesbet (S. 78):

Schriftstellerin.

28.3.1877 (Dudweiler) - 15.4.1962 (Wiesbaden).

Autorin von etwa 100 Romanen, Erzählungen, Essays und Jugendbüchern. Beeinflußt von Naturalismus, Impressionismus und der Heimatkunstbewegung; ihre Themen sind meist Identitätskonflikte von Frauen in der bürgerlichen Gesellschaft des späten 19. und

frühen 20. Jahrhunderts sowie Probleme des saar-
ländisch-lothringischen Grenzraums.

Die Romane sind häufig geprägt von nationalchau-
vinistischen Ideen, ihr Stil ist nicht frei von Klischees
u. Kitsch, oft epigonal.

Nach 1933 suchte sie Anschluß an die völkisch-na-
tionalen Autoren. Ihr Roman »Wir von der Saar«
(1934) kulminiert in der propagandistischen Beschreibung der faschistischen Saarkundgebung am
Niederwalddenkmal als quasireligiösem Erlebnis
und einem Bekenntnis zu Hitler.

Nach 1945 Verfasserin von Unterhaltungsromanen,
auch innerhalb populärer Reihen.

Hamp, Pierre (S. 97):

Schriftsteller (eigentl. Henri-L. Bourillon, gen. Pierre).
1876 (Nizza) - 1962.

Koch, Fabrikinspektor und Autodidakt, verfaßte
einen 27bändigen dokumentarischen Romanzyklus
(»La Peine des Hommes«) sowie Dramen und Essays
über Leben und Alltag von französischen Arbeitern
v.a. in der ersten Hälfte des 20. Jahrhunderts. Sein
1922 im Rhein-Verlag (Basel/Leipzig) erschienenes
Buch »Die Goldsucher von Wien – Eine Begebenheit
unter Schiebern« wurde von Yvan Goll übersetzt.

»Par le travail…« (S. 97):

Etwa: »Die Arbeit, bei der man nicht mehr singt, erzeugt bei den Menschen eine große Niedergeschlagenheit. Der Arbeiter liebt seinen Beruf nicht mehr, und das bringt die Welt ins Wanken«. Das Zitat ist vermutlich nicht korrekt wiedergegeben. »Niedergeschlagenheit« bzw. »Mutlosigkeit« heißt »l'abattement«, das Wort »l'abattissement« kennen die Lexika nicht. Alain Lance hält auch einen Druck bzw. Hörfehler für möglich: statt »l'abattissement« könnte »l'abêtissement« (Verblödung) gemeint sein.

»die Parze steht da…« (S. 104):

Die drei Parzen waren römische (urspr. griechische) Schicksalsgöttinnen (Moiren). Sie wurden symbolisiert als Spinnerinnen: Klotho spinnt den Lebensfaden, Lachesis bestimmt seine Länge, Atropos schneidet ihn ab.

»ein täglich dreimal erscheinender Appell…« (S. 111):

Von der »Frankfurter Zeitung« gab es täglich zwei verschiedene Morgenausgaben und eine Abendausgabe. Die Roth-Reportagen waren immer im »Ersten Morgenblatt« abgedruckt.

TAGEBUCHEINTRAGUNGEN
VOM OKTOBER 1927[1]

21. Oktober, Freitag.

Gestern nachmittag Tee bei Frau Fränze Schwarz[2]. Ließ mich durch ihren Wagen abholen. Wahrscheinlich, um mit mir allein zu sein, bevor die anderen kamen. Schien etwas aufgeregt, sieht Frau Zappler[3] sehr ähnlich und benützt dasselbe Parfüm, dem ich eigentlich schon entwachsen bin. Entschuldigt sich, senkt den Blick, verbirgt die Beine, kluges Aug, blau, gut und schmal geschnitten, künstlich gezogene schmal gemachte Augenbrauen, unbefriedigt, wollte mit mir spazieren fahren. Dann Frau Braun[4], Frau des sozialdemokratischen Redakteurs, Schalottenschammes[5], hält Vorträge, katholisch, unsympathisch schön schmalstumpfe Nase. Franzose, Sekretär der Saarregierung, rothaarig, nervöse Knochigkeit, zwinkert mit den Augen. Unbedeutend, aber wahrscheinlich gefährlich. Bretone[6].
Abends Theater, kitschiger Zarewitsch, Publikum: Deutsche Kleinstadt in Pariser Kleidern. Merkwürdig wenig Juden oder unjüdische Juden?
Heute zur Modenschau mit Heyberger[7].

mit Redakteur Franke[8] 2 Stunden:

1.) Nationale gegen Volkspartei Schwerindustrie soziales Mäntelchen der Deutschnationalen
2.) neue demokratische Partei, die Fusion aller Demokraten mit Volkspartei nicht mitgemacht hat[9]
3.) Beginnender Wahlkampf[10]
4.) Unzufriedenheit mit Franzosen

mit Redakteur Braun[11]:

1.) frühere frankophile Haltung der Justiz und aller jetzt Nationalen
2.) frankophile Haltung des Zentrums früher und Oberbürgerm. Neikes[12]
3.) R.W.E. = Gefahr für Braunkohle des Saargebiets[13]
4.) Abnahme der Frömmigkeit
5.) Katholische Frauen und Schulen
6.) tiefer geistiger Stand
7.) Unmöglichkeit innenpolitischer Opposition der Linken wegen außenpolitischer Gefährdung Koßmanns[14]
8.) Anständigkeit der Franzosen

Gestern abend bei Familie Schwartz[15]. Kennengelernt Dr. Hirsch, Rechtsanwalt[16]. Sieht aus wie ein jüdischer Bibliothekar etwa im Rothschildmuseum.

Die Leute wissen meinen Stil zu goutieren. Haben gutes Sprachgefühl.

Nachmittags Warenhaus. Kundschaft tiefere soziale Stufe als Verkäuferinnen. Abends Dr. Felber[17]: 16 J. Entjungferung, formaler Katholizismus, Kinderbeschränkung, Abnahme wirklicher Religiosität. Kleriker reaktionär, Predigt ist Wochenbericht, neue demokrat. Partei[18]. Viele Beamte lassen sich von Preußen bezahlen, werden Kleinbürger.

Mädchen im Coupé, das sich begleiten läßt Café »Auto«. Spricht mich an. Männermangel?

Gestern abends bei Familie Schwartz. Keinen gehabt D. Kirsch, Rauschau-
rach. Sitzt aus wie ein zu dichter Bibliothekar, ohne in Rothschildmützchen.
Die Leute wissen meinen Teil zu gönnen. Haben hübsche Sprachhöfe.
Technisches brauchbar. Kind schafft höchst sozial tief als Dukeschommen.
Alles D. Felder: 16 J. Sprachprüfung, formeln Katholizismus, Kinder-
behandlung, Abnahme wirklicher Religiosität. Kleriker reaktionär, Predigt ist
wohlwollende, keine Demokrat. Patri. Viele brach lassen sich von freier
Erzählen, nicht Kleinbürger.
    Mädchen in Cospé, das sich beglücken lässt Café, Kino. Sehnsüchtig an
Männermangel?

Anmerkungen

1. Aufbewahrt im Leo-Baeck-Institute (New York), Bornstein-Collection, AR-B-394 Box 4152 (II: Handschriftliche Blätter). Die erstmalige Veröffentlichung der drei Tagebuchseiten erfolgt mit freundlicher Erlaubnis des Instituts sowie des Verlags Allert de Lange, Amsterdam, der die Rechte am ungedruckten Werk Roths besitzt.

2. Nicht ermittelt.

3. Nicht ermittelt.

4. Braun-Stratmann, Angela (auch: Angelika, Angèle), Journalistin, Politikerin.
22.8.1892 (Neuß, Rheinl.) - 1972 (Paris). Abitur, Lehrerausbildung, bis 1923 Schuldienst. 1923 Heirat mit Max Braun, Übersiedlung nach Saarbrücken. Journalistische Tätigkeit für die »Volksstimme«, die Tageszeitung der saarländischen SPD. Vorsitzende der saarl. »Arbeiterwohlfahrt« sowie des Frauenkomitees der SPD. Frauenrechtlerin. Januar 1935 Emigration nach Frankreich, Juni 1940 England. 1947 - 1952 Mitglied des saarl. Landtags; 1955 Paris.
Roths knappe Beschreibung von A. Braun stimmt mit anderen überein, wenn diese auch in charakterlicher Hinsicht nicht so abwertend ausfallen. So

nannte sie der »Paris-Midi« die »eleganteste Frau der Zweiten Internationale« (3.5.1933); und eine Verwandte bezeichnete sie als »ein hübsches Mädchen. Sie war sehr schlank, und sie war sehr eitel. Und sie war sehr gut angezogen. Sie war schon die eleganteste Frau zu dieser Zeit« (zit. nach: Gerd Paul: Max Braun – Eine politische Biographie. St. Ingbert 1987, S. 35). Vgl. auch S. 178, Anm. 59.

5. Schalottenschammes. Der »Schammes« ist ein Synagogendiener; also etwa »kleiner Zwiebeljude«.

6. Nicht ermittelt.

7. Nicht ermittelt. Der Name könnte auch als »Heyburger« gelesen werden.

8. Adolf Franke, in den 20er Jahren politischer Redakteur der »Saarbrücker Zeitung«. Später NSDAP-Funktionär in Norddeutschland; nach 1945 erneut Saargebiet, Anhänger Johannes Hoffmanns. Zeitweise Vorsitzender des saarl. Journalistenverbandes.

9. Gemeint ist die Deutsch-Saarländische Volkspartei (DSVP), ein Ableger der Deutschen Volkspartei (DVP), eine nationalistische und wirtschaftsliberale Partei mit engen Beziehungen zur Export- und Schwerindustrie. Sie entstand u.a. aus der Liberalen Volkspartei. Die von Roth erwähnte »neue ‚Demokratische Partei‘« – sie war im Landesrat von 1922 mit einem Abgeordneten vertreten – schloß sich später der DSVP an.

10. Gemeint sind die Landesratswahlen vom 25.3.1928.
11. Max Braun, Journalist, Politiker.
    13.8.1892 (Neuß, Rheinl.) - 3.7.1945 (London).
    Volksschullehrer. Ab 1919 journalistisch und kommu-
    nalpolitisch tätig für die SPD. 1923 Saarbrücken,
    Chefredakteur der »Volksstimme«. 1925 - 1928 2. Vor-
    sitzender, ab 1.10.1928 (bis 1935) 1. Vorsitzender der
    Saar-SPD. Januar 1935 Frankreich, dort eine der
    zentralen Persönlichkeiten der deutschen Emigration.
    1941 England. Vgl. auch S. 178, Anm. 59.
12. Hans Neikes, Politiker.
    20.1.1881 (Köln) - 12.2.1954 (Saarbrücken). Konser-
    vativ-nationaler Oberbürgermeister Saarbrückens
    (1.3.1921 - 8.4.1935). Am 20.1.1925 wurde Neikes
    vom »Saarlouiser Journal« wegen angeblicher Kon-
    takte zu frankophilen Kreisen angegriffen.
13. In den 20er Jahren versuchten reichsdeutsche Unter-
    nehmen wie die Rheinisch-Westfälischen-Elektrizitäts-
    werke, an der Saar eine dominierende wirtschaftliche
    Position zu erlangen. M. Braun trat dafür ein, das
    Saargebiet als eigenständiges Wirtschaftszentrum zu
    erhalten und auch der saarländischen Elektrizitäts-
    wirtschaft ihre Selbständigkeit zu belassen. Vgl. M.
    Braun in der »Volksstimme« vom 6.2.1928: »Ein
    kampfentschlossener Wahlauftakt«. (G. Paul: Max
    Braun, a.a.O., S. 45). Der Verweis auf saarländische
    »Braunkohle« ist wohl ein Mißverständnis. Es wurde

vermutlich provoziert durch die gleichzeitigen Streiks in dem mitteldeutschen Braunkohlenrevier sowie in der Abteilung Kokerei der Röchling'schen Eisenwerke in Völklingen und die Berichte darüber in saarländischen Tageszeitungen zwischen dem 16. und 20.10.1927.

14. Bartholomäus Koßmann, Gewerkschafter, Politiker, 2.10.1883 (Eppelborn, Saar) - 9.8.1952 (Homburg, Saar). Katholischer Gewerkschaftsfunktionär, Zentrumsabgeordneter im Reichstag (1912 - 1918). Seit 1924 saarländisches Mitglied der fünfköpfigen internationalen Regierungskommission, Minister für Arbeit, Gesundheitswesen, Soziales, Landwirtschaft und Forsten.

15. Nicht ermittelt.

16. Dr. Karl Hirsch, Saarbrücker Rechtsanwalt, zwischen 1922 und 1935 wohnhaft Bismarckstraße 41. Vgl. auch S. 178, Anm. 59.

17. Dr. Eugen Felber, Intendant des Saarbrücker Stadttheaters, geb. 30.3.1889 in Salzburg, wohnte vom 10.8.1927 bis zum 3.8.1929 lt. Saarbrücker Meldekartei in der Hohenzollernstraße 62.

18. Vgl. S. 127, Anm. 9.

NACHWORT

»Ich bin durchsättigt vom Saargebiet
und kenne es wie Wien«
Joseph Roths »Briefe aus Deutschland«

»(…) das ‚Thema' ist mir nichts mehr als
ein Vorwand, Menschen darzustellen«[1].

»Alles, was Sie schreiben, ist *genial*. Aber alles,
was schon geschrieben ist, ist *Scheiße*. Das ist
die einzige Devise für einen Journalisten«[2].

I.

Er sei, schreibt Joseph Roth im Herbst 1927 an Benno
Reifenberg[3], den Feuilleton-Leiter der »Frankfurter Zeitung«,
»mit dem Saargebiet fertig. Ich bin weggefahren, weil es mir
unmöglich ist, im Saargebiet zu schreiben. Ich muß noch *2
solcher Hefte schreiben, fast ein Buch.* Ich war in Werken und in einer Kohlengrube. Ich war einen halben Tag Verkäufer in einem Warenhaus, in einer Schenke betrunken und

habe vor Besoffenheit mit einem häßlichen Hotelmädchen geschlafen, vor dem mir heute noch übel ist. Aber ich bin durchsättigt vom Saargebiet und kenne es wie Wien. Sie werden sehn«[4]. In diesem in Straßburg aufgesetzten und mit sieben Positionen sorgfältig durchnumerierten Schreiben kündigt er nicht nur die Übersendung eines ersten Manuskripts an, sondern skizziert auch seine literarische Methode: »2.) geht Ihnen morgen das erste meiner dünnen aber vollen *Tagebuchhefte* zu. Es ist gelungen. Ich gehe absichtlich von Menschen und Privatem aus, lasse dann in's Allgemeine wachsen. Meine ganze Berichterstattertätigkeit ist wie ein Buch angelegt (…). Der Rahmen ist mein Stil, bin ich. Sie werden sehen«[5].

Für die siebenteilige Reportageserie mit dem Titel »Briefe aus Deutschland« wählt Roth das Verfasserpseudonym »Cuneus«. Sein erster Artikel erscheint am 16. November 1927 und zeichnet topographisch die Annäherung an das Saarrevier nach, die Zugfahrt durch Lothringen. Bevor Roth Saarbrücken erreicht, legt er in Metz eine Zwischenstation ein, um den deutschen Schriftsteller Hermann Wendel zu besuchen, einen Freund und Kollegen, der als Feuilletonist und politischer Korrespondent gleichfalls für die »Frankfurter Zeitung« tätig ist.

Der erste Beitrag über das Saarland wird sechs Tage später, am 22. November, gedruckt. Roth beschreibt darin, was sich ihm bei seiner Ankunft sukzessiv optisch präsentiert: das Bahnhofsgebäude, der Bahnhofsvorplatz, die

Straße, die in die Stadt hineinführt, schließlich die Stadt selbst. Fünf Tage später berichtet er über eine Grubeneinfahrt, eine gute Woche danach über einen Vortrag der Sozialistin Angelica Balabanoff in Neunkirchen. Der nächste Artikel – »Menschen im Saargebiet« – erscheint zehn Tage später, der vorletzte – »Das Warenhaus und das Denkmal« – nach einer erneuten Unterbrechung von fast einem Monat. Der Abschlußbeitrag der Serie – »Das Werk« – folgt zwei Wochen später. In derselben Ausgabe der Zeitung findet sich, ebenfalls mit »Cuneus« unterzeichnet, eine Antwort auf die kritischen Kommentare, die seine Serie in der »Saarbrücker Zeitung« provoziert hatte. Obwohl angekündigt – »(...) ich beschloß, am nächsten Tag in die Kirche zu gehn (...). Darüber das nächste Mal« –, ist ein weiterer Beitrag nicht erschienen.

II.

Der Friedhof von Thiais umfaßt ein riesiges Gelände im Südosten der französischen Hauptstadt. Im Unterschied zu den meisten anderen Pariser Friedhöfen bietet er nur wenigen Gräbern Prominenter Platz. Kaum einer der Touristen, die über Père Lachaise oder den Friedhof von Montparnasse zu schlendern lieben, würde den weiten Weg mit Metro und Vorortbus auf sich nehmen, um hier spazieren zu gehen. Schaut man vom Friedhof aus zu dem mächtigen, von einem Polizisten bewachten Eingangsportal zurück, sieht man über ihm ein großes gelbes »m«, das sich Tag und Nacht um seine Achse dreht. Es ist das Emblem einer amerikanischen Fastfood-Kette, die auf der Straßenseite gegenüber ein Restaurant betreibt.

Auf diesem Friedhof liegt Paul Celan, fast anonym unter all den unbekannten Toten. Und in einer Ecke, in einer der hinteren Reihen, findet man auch die letzte Ruhestätte von Joseph Roth. Der Grabstein trägt seine Lebensdaten (2.9.1894 - 27.5.1939), darüber eingemeißelt sind die Zeilen »Mort à Paris en Exil« sowie »Ecrivain Autrichien«. Zwei leere Weinflaschen hat ein Besucher, wohl ein Roth-Verehrer, auf sein Grab gestellt. »Avez-vous trouvé votre bonheur?«, fragte der Wächter später lächelnd.

Roth starb mit fünfundvierzig Jahren. Seine Gesundheit war seit langem ruiniert, sein Gesicht verwüstet. Er hatte hohe Schulden und mit seinen Verlegern war er zerstritten. Mit den erschienenen Büchern war er unzufrieden und seine Beziehungen zu Frauen hatten meist einen unglücklichen Verlauf genommen. Auch seine literarischen Figuren sind Leidende, sie haben resigniert und sind oft ihrer Zeit entrückte Melancholiker, deren Scheitern Züge von Tragik besitzt. Heimat- und ziellos sind sie, von Unglück und Verzweiflung geprägte Todessüchtige.

Roth war Österreicher, geboren wurde er im galizischen Brody am äußersten Rand der österreichisch-ungarischen Doppelmonarchie, unmittelbar an der Grenze zu Rußland. »Die Stadt, in der ich geboren wurde«, schreibt er in dem

Romanfragment »Erdbeeren«, »lag im Osten Europas, in einer großen Ebene, die spärlich bewohnt war. Nach Osten hin war sie endlos. Im Westen wurde sie von einer blauen, nur an klaren Sommertagen sichtbaren Hügelkette begrenzt. (…) Unsere Stadt war arm. Ihre Einwohner hatten kein geregeltes Einkommen, sie lebten von Wundern«[6].

Von 1914 an studierte Roth in Wien Philosophie, Sprach- und Literaturwissenschaft. Fast zur gleichen Zeit begann er Gedichte und Prosa zu veröffentlichen. Von 1916 bis 1918 leistete Roth den Militärdienst ab. »Wir erkennen einander. Der Krieg hat uns imprägniert«, schreibt er zehn Jahre später, als er mit einem saarländischen Warenhausbesitzer zusammentrifft, Kriegsteilnehmer wie er.

Nach dem Ersten Weltkrieg intensivierte Roth seine literarischen Bemühungen, Mitte des Jahres 1920 ging er nach Berlin. «Ich wurde eines Tages Journalist aus Verzweiflung über die vollkommene Unfähigkeit aller Berufe, mich auszufüllen. Ich gehörte nicht der Generation der Leute an, die ihre Pubertät mit Versen eröffnen und abschließen. Ich gehörte noch nicht der allerneuesten Generation an, die durch Fußball, Skilauf und Boxen geschlechtsreif wird. Ich konnte nur auf einem bescheidenen Rad ohne Freilauf fahren, und mein dichterisches Talent beschränkte sich auf präzise Formulierungen in einem Tagebuch. Seit jeher mangelte es mir an Herz. Seitdem ich denken kann, denke ich mitleidslos. Als Knabe fütterte ich Spinnen mit Fliegen. Spinnen sind meine Lieblingstiere geblieben. Von allen

Insekten haben sie, neben den Wanzen, am meisten Verstand. Sie ruhen als Mittelpunkt selbstgeschaffener Kreise und verlassen sich auf den Zufall, der sie nährt«[7].

Ab 1923 veröffentlichte Roth in der »Frankfurter Zeitung«. Vom Ende dieses Jahres an begann er in Hotels zu leben und hatte bis zu seinem Tod nie mehr einen eigenen Haushalt. Manchmal konnte er nicht abreisen, weil eine Honorarüberweisung abgewartet werden mußte, um die Übernachtungskosten bezahlen zu können.

Wegen der Prägnanz seines Ausdrucks, der Souveränität des Stils und der unvergleichlichen Subtilität im Beschreiben von Menschen gehörte er bald zu den begehrtesten Feuilletonisten der Weimarer Republik und wurde als Autor rasch berühmt. Berlin, Wien, Marseille und vor allem Paris, – immer wieder ist der unruhige und unstete Roth in diese Städte gereist, immer wieder hat er Artikel darüber verfaßt. »Wer nicht hier war«, schrieb er aus der französischen Metropole im Mai 1925 an Reifenberg, »ist nur ein halber Mensch und überhaupt kein Europäer«[8]. Doch hat Roth oft auch kleine Städte oder entlegene Gegenden als Themen seiner Reisereportagen gewählt. »In Deutschland unterwegs«, heißt etwa eine Serie aus dem Jahr 1925, in der er – ein passionierter Sammler von Uhren und Spazierstöcken – unter anderem über eine Uhrmacherwerkstatt in Glashütte schreibt. »Aus solchen Orten zu berichten war für einen Journalisten unspektakulär. Aber Roth suchte die Perspektive von unten; aus dem scheinbar unbedeutenden

Detail gewann er die Poesie und Prägnanz des besonderen zeitgeschichtlichen Moments«[9].

Als Roth im Oktober 1927 von Paris nach Saarbrücken fuhr, um seine »Briefe aus Deutschland« zu schreiben, befand er sich erneut in einer persönlichen und beruflichen Krise. In seiner Karriere in der »Frankfurter Zeitung« hatte er ein Jahr zuvor einen schmerzhaften Einbruch erleiden müssen, bei jenem Blatt, das, wie er in einem Begleitbrief zu einem Manuskript mit einer neuen Folge seiner Saar-Reportagen an Reifenberg schrieb[10], sein »einziger heimatlicher Boden« sei und ihm »so etwas wie ein Vaterland und ein Finanzamt« ersetze. Im Jahr zuvor war es ihm nicht gelungen, die Berufung von Friedrich Sieburg zum politischen und feuilletonistischen Paris-Korrespondenten der Zeitung zu verhindern. Der »mondäne Gottsucher der ‚Frankfurter Zeitung‘, Herr Friedrich Sieburg«, so spottete Roth später[11], hatte Roth damit beruflich aus jener Stadt verdrängt, die er wie keine andere in Europa liebte. Andererseits wollte die Zeitung, vor allem deren mit Roth befreundeter Feuilleton-Chef, den bereits berühmten Autor, der – mit einer Mark pro Zeile – das höchste Honorar innerhalb der Zeitung gefordert und bekommen hatte, nicht an andere Blätter verlieren. So zeigte man sich Roths ausgedehnten Reisewünschen gegenüber aufgeschlossen. Artikelserien wurden verabredet über Rußland (September 1926 bis Januar 1927) und über Albanien bzw. Jugoslawien (Mai bis Juli 1927). Im Sommer 1927 fuhr Roth nach

Mitteldeutschland, um auf den Spuren Heines durch den Harz zu reisen. Doch brach er diese Unternehmung bald ab, es sei ihm dort alles »zu spießig, kleinstädtisch und monoton«[12]. Nun akzeptierte man in der Frankfurter Redaktion Roths Wunsch, an die Saar zu fahren[13].

*

Ein halbes Jahr später brach Roth zu einer zweimonatigen Reise durch Polen auf. Darüber berichtete er in Artikeln, die – wie die Beiträge über die Saar – die Form von Briefen an Benno Reifenberg haben. Die Monate Oktober und November des Jahres 1928 verbrachte Roth in Italien, von wo er äußerst kritische Artikel über den Faschismus Mussolinis schickte.

Unmittelbar nach der nationalsozialistischen Machtübernahme kehrte Roth Deutschland endgültig den Rücken und ließ sich in Paris nieder. Er lebte dort, unterbrochen von zahlreichen Reisen in die noch freien Länder Europas, bis zu seinem Tode. Nachdrücklich engagierte er sich in der publizistischen Auseinandersetzung mit den Nationalsozialisten. In Deutschland veröffentlichte er nicht mehr, obwohl ihm anfangs sowohl von der »Frankfurter Zeitung« wie vom S. Fischer-Verlag noch entsprechende Angebote gemacht wurden.

Die letzten sechs Lebensjahre Roths waren geprägt von einer sich mühsam abgerungenen Kreativität, von Trunksucht und meist vergeblichen Versuchen, genügend Geld aufzutreiben. »Armer alter Jud«, so pflegte er seine Briefe in dieser Zeit zu unterschreiben.

Am 27. Mai 1939 starb Roth in dem Pariser Hôpital Necker, nachdem er vier Tage zuvor im Café de Tournon, seinem Lebensmittelpunkt der letzten Jahre, zusammengebrochen war. Ein Grab auf einem der repräsentativen Friedhöfe von Paris überstieg die finanziellen Möglichkeiten seiner Freunde, und so versammelte sich am 30. Mai auf dem Friedhof von Thiais eine große Trauergemeinde unterschiedlichster politischer Orientierung. »Monarchisten und Kommunisten, Ostjuden und Katholiken strömten zu dem offenen Grab hin. Die schöne Mulattin Andrea Magna Bell, die Schauspielerin Sybil Rares und die Litauerin Sonja Rosenblum, die alle zu Roth in intimen Beziehungen gestanden hatten, standen nun am Rande des Grabes nebeneinander, in Trauer vereint. (…) Mehrere Juden waren ans Grab getreten und beteten auf Hebräisch, während eine sichtliche Spannung die sich gegenseitig anstarrenden Monarchisten und Kommunisten durchzuckte«[14].

III.

Roth wohnte in Hotels und schrieb in Cafes. In ihren »Bildern aus der Emigration« berichtet Irmgard Keun, Roths Geliebte Mitte der 30er Jahre, wie er »verkrochen in der dunkelsten Ecke des Cafés saß und rastlos die Seiten eines gelben Heftes mit einer Schrift bedeckte – so zierlich, als wäre sie mit einer Stecknadel geschrieben – und nur hier und da eine Pause im Schreiben machte, um nach einem Glas zu greifen«[15]. Roth hatte sich angewöhnt, die Zeilenlänge seiner handschriftlichen Fassung exakt an die Spaltenbreite der Zeitung anzupassen. So konnte er eingehende Honorarzahlungen anhand notierter Zeilenumfänge mühelos überprüfen, – eine Art »‚Selbstverteidigung' gegen die Redakteure«[16].

Roth verfügte über kein Archiv, in dem er seine Artikel oder Korrespondenzen systematisch gesammelt hätte. Seine Manuskripte verschenkte er Freunden, oft auch empfangene Briefe. Er besaß so wenig, daß es in drei Koffer paßte. Er lebte an öffentlichen Orten wie Cafés, dort empfing er seine Bekannten, dort entstanden auch seine Artikel und Bücher; der Alkohol war ihm Konzentrations- und Distanzierungsmedium zugleich.

»Ich werde, sobald es physisch möglich ist, immer Korrekturen und Auslassungen selbst vornehmen. Eventuell am zugesandten Bürstenabzug. Das erspart Ihnen Kopfzerbrechen und die umständliche Einfühlung in eine fremde Satzmelodie«[17]. So Roth am 17. Januar 1928 an Reifenberg. Es ging um ein Fragezeichen, das er in einer Reportage vom 12. Januar (»Das Warenhaus und das Denkmal«) normabweichend verwendet hatte, – und das er folgendermaßen verteidigte: »Es (das Fragezeichen, R.S.) ist privat, entstanden aus unseren privaten Unterredungen – Sie dürfen sich nicht wundern, daß es ein Anderer nicht versteht«[18]. Diese Verteidigung seiner persönlichen Interpunktion – oder auch der Orthographie – ist die Konsequenz einer literarischen Gestaltungsabsicht, die ihre faszinierendste Ausprägung in Roths Stil findet. Auf welche Weise manche seiner Bilder und Vergleiche entstanden sein mögen, das kann man ahnen, wenn man sich eine Erinnerung von Benno Reifenberg an gemeinsame Spaziergänge mit Roth vergegenwärtigt. »Er liebte es, unterwegs für irgendein Haus, eine Baumgruppe, für einen Karren am Feldrand, für die Himmelsfarbe, die Szenerie eines Bauernhofs das bezeichnendste Beiwort sich auszumalen. Er war dabei erfindungsreich, entzückend genau und überraschend zugleich. (…) Es regnete in den heißen Staub, und er sprach von einer ,nassen, linden Güte‘, als Wolken auseinandergingen, der Himmel frei wurde, sah er ein ,jugendliches Blau‘; er nannte die Stimmen seiner Taschenuhr ,zart und hurtig‘, und auf einmal war es, als spräche er von einem Lebewesen, einem Reisekameraden«[19].

IV.

Diese stilistische Sensibilität Roths bedenkend, wird man sich die Frage stellen dürfen, was Roth wohl zu der Ausgabe seiner Werke gesagt hätte, die zwischen 1989 und 1991 in sechs Bänden bei Kiepenheuer & Witsch erschienen ist und vom Verlag als »maßgeblich« bezeichnet wird.

Zwei Gedankenstriche hatte Roth zur Beschreibung einer Wendeltreppe in dem saarländischen Eisenwerk gesetzt: »Zart, gebrechlich scheint sie, obwohl sie aus Eisen besteht, – – und sie erinnert trotzdem an eine Schlingpflanze, frei, in der Luft emporgerankt zu einer Art Terrasse.«

Nun kann man durchaus unterschiedlicher Meinung sein, welche graphische Notation zur Kennzeichnung der Trenntiefe zwischen der Beschreibung der Treppe und der von ihr ausgelösten Assoziation angemessen ist. Doch Roth sah an dieser Stelle nun einmal zwei Gedankenstriche vor, – wie er anderswo drei angemessen fand (oder auch nur einen einzigen; oder einen Strichpunkt, Punkt oder Doppelpunkt). Roth hat im Zusammenhang mit der Treppe also ausdrücklich zwei Gedankenstriche gesetzt. Aber die Herausgeber der Werkausgabe, Klaus Westermann und Fritz Hackert, eliminierten einen der beiden Gedankenstriche. Geht davon die Welt unter? Wohl nicht.

Roth liebt es, die Menschen, die er schildert, gelegentlich »gehn« oder »stehn« zu lassen; kein großer Eingriff, wenn diese Menschen in der Werkausgabe nun »stehen« oder »gehen«. Man versteht den Text, aber man versteht eigentlich nicht, weshalb die Herausgeber überhaupt ändern: Weshalb aus »Fascisten« denn »Faschisten« werden, und ein »gängliches« Argument degenerieren muß zu einem bloß »gängigen«.

Wer immer dies anprangerte, sähe sich vermutlich mit einem Argument konfrontiert, das die Herausgeber aus dem Ärmel zögen wie Falschspieler in einem Western ihren Joker; ein Argument, das sie ihren »editorischen Anmerkungen« im ersten Band wie einen Abwehrzauber vorangestellt haben: »Dies ist keine historisch-kritische Ausgabe. Rechtschreibung und Zeichensetzung wurden dem heutigen Gebrauch angeglichen« (Band 1, S. 1097).

So wird man ihnen auch nicht vorwerfen können, daß »das Bereich der Zoologie« zu »der Bereich der Zoologie« mutiert: qualifiziert doch St. Duden die sächliche Verwendung des Wortes als »seltener«. Und wenn etwas seltener (oder gar selten) vorkommt, entspricht es natürlich nicht heutigem Gebrauch, – und darf kommentarlos »angeglichen«, d. h. geändert werden. Darum verwandeln sie auch ein bedächtig-abwägendes »mag« zu einem heutig-korrekten »kann«; dem gebräuchlichen Austriazismus »durchwegs« nehmen sie den letzten Buchstaben; aus »Commerce« machen sie »Kommerz« und aus dem »lächerlichen Strich eines gemeinen Kopierstifts« den eines »Kopierstiftes«. Lächerlich? Der Wunsch nach jener Fassung, die Roth seinen Texten nun einmal gegeben hat. Gemein? Das Aufzeigen der Abweichungen, die doch alle vom Joker gedeckt sind.

Nicht alle sind gedeckt. Bleiben wir zunächst bei der Interpunktion, genauer: bei den Beistrichen. »Unten in der Mitte wölbt sich das Tor dunkelbraun, zweiflügelig«, lesen wir in der Fassung der Herausgeber in der Werkausgabe.

Oder auch: »Diese fortwährenden, mühevollen Arbeiten beim Urnebel der deutschen Mystik im Filmatelier«. Nun ja. Roth hatte aber etwas ganz anderes geschrieben: »Unten, in der Mitte, wölbt sich das Tor, dunkelbraun, zweiflügelig«. Und die Arbeit am Urnebel der deutschen Mystik? Da ist nicht nur ein Komma verschwunden, auch die seltsamen »Arbeiten« lesen sich im Original etwas anders: »Diese fortwährenden, mühevollen *Anleihen* beim Urnebel (Komma), der deutschen Mystik im Filmatelier«.Mehr als 3000 Seiten umfassen die von Klaus Westermann herausgegebenen drei Bände mit dem journalistischen Werk Roths. Auf den Seiten 772 bis 818 des zweiten Bandes sind die »Briefe aus Deutschland« abgedruckt, die zwischen dem 16. November 1927 und dem 28. Januar 1928 in der »Frankfurter Zeitung« erschienen sind. Alle aufgeführten Belege stammen von diesen wenigen Seiten.

Zurück zum Beistrich. Außer den eben erwähnten vier Kommata fehlen auf den 36 Seiten der Werkausgabe weitere 31, dafür haben die Herausgeber aber 71 Beistriche gesetzt, die Roth nicht wollte. Wenn er mit einem Punkt seinen Satz abschließt, lassen ihn die Herausgeber durch das Setzen eines Beistrichs weiterlaufen. Trennte der Autor zwei Assoziationen durch einen Gedankenstrich, so fügen sie die Herausgeber durch einen Beistrich zusammen. Und setzt er ein Fragezeichen, ziehen sie ein Ausrufezeichen vor.

Und erst die Zeichen für wörtliche Rede. Roth verwendet sie zwar, aber lange nicht so häufig wie die Herausgeber; dann z.B. nicht, wenn eher über ein Gespräch berichtet oder eine Aussage mitgeteilt wird. Eine Gewerkschaftsversammlung in Neunkirchen. Roth: »Dieser Diskussionsredner aber sagt: Proletariat, und ich höre das Klappern einer Schreibmaschine im Parteibüro«. Diesen Satz lesend, verpaßten die Roth-Herausgeber dem Proletariat Gänsefüße, vorne, wo es anfängt, und hinten, wo es aufhört, ebenfalls. Vermutlich, weil das Wörtlein ‚sagt' mit einem Doppelpunkt davorsteht.

Doch nicht nur Rechtschreibung und Zeichensetzung werden angeglichen, man greift auch in den Text ein, glaubt vielleicht, ihn zu verbessern. »Mythologische Assoziationen« werden zu »mythischen«, »wenige« Cafés zu »einigen«, »wehmütig« wird zu »schwermütig«. Und auch die Tempi werden verändert. Verwendete Roth das Präteritum, setzen seine Herausgeber das Präsens (und umgekehrt). Und da ihnen die Wendung »Höhle des Löwen« geläufig ist, ändern sie flugs den Ausdruck »Höhlen der Löwen«; den aber hatte Roth gewählt.

Zu den Eingriffen gesellen sich die Druckfehler in der Werkausgabe (»lengendarisch«, »Instikt«, »ensteht«, »Herrr«) und die Lesefehler. Aus »Waren« werden »Worte«, aus »flammt« wird »stammt«, aus »Kästen« werden »Kasten«, aus »Kassen« »Kästen« und aus der »Relativität unserer subjektiven Wahrheiten«, die Roth stets bewußt gewesen ist (wenn er sie im

Zusammenhang mit dem Wirken seiner Herausgeber aber
kaum geduldet hätte), wird kurzerhand deren »Realität«.
Nicht nur Füllwörter wie »auch«, »aber« und »nur« fehlen,
gelegentlich ist es auch ein »für«, mal ein »alt«, ein »blaß«
oder ein »enorm«, mal ein »dieses« und mal ein »jenes«.
Und manchmal kommt alles zusammen. »Als man vor
dem Kriege (Krieg, die Herausgeber) Wilhelm I. ein Denkmal setzen sollte (wollte, die Hg.), stritten sich zwei Stadtteile darum. Schließlich stellte man es mitten auf die
Brücke, die beide alte (das Adjektiv fehlt ganz) Stadtelemente verbindet.«
Wenn Roth schrieb, daß der Wind durch keine Wände »ge-
hindert« würde, wird er in der Werkausgabe bloß »gelindert«.
Oder sollten das etwa bloße Druckfehler sein? Nein, die
Herausgeber denken sich etwas dabei. Als der einsam durch
Saarbrücken streunende Roth in einer Nebenstraße des
St. Johanner Marktes auf ein Kleinkunsttheater stößt, stellt
er seine Entdeckung gebührend heraus. »Ein Kabarett«! Das
gönnen ihm die Herausgeber nicht. »Kein Kabarett«, befin-
den sie, obwohl das angeblich nicht existierende Etablisse-
ment in den nächsten Sätzen ausführlich geschildert wird.
Roth empfindet den Husten der saarländischen Bergleute
als »schnarrend«, die Herausgeber ziehen ein »scharren-
des« Husten vor. Unter Tage: »Mit höhnischem Getöse rutschen schwere Kohlenblöcke die Rutschen herunter. Es ist,
als donnerte es in Himmeln aus Blech«. Hier haben die
Herausgeber vor den Himmeln den bestimmten Artikel

untergebracht. Doch kann diese Hinzufügung das kommentarlose Streichen des übernächsten Satzes nicht entschuldigen: »Und es rauscht, und es tropft«. Das Geräusch mögen sie nicht, die Herausgeber, denn kurz vorher haben sie es auch schon gestrichen: »Und es summt, und es rauscht, und es tropft«. Und die sich anschließenden Sätze gleich mit: »Es zittert in den Knien, als wären die Beine angesägt. Horch! Welch ein Lärm!«.

Fünf Passagen fehlen ganz: Von einem Kommentar Roths (weil er ihn in Klammern gesetzt hat?) bis zu der – weil es keine Fortsetzung mehr gab, nach Meinung der Editoren wohl entbehrlichen – Schlußformel »Darüber das nächste Mal«. Auch einen anderen Kommentar wollten sie lieber nicht abdrucken. In ihm hat Roth ganz sicher nicht die beiden Herausgeber im Blick, denen die Betreuung und Pflege seines Werks anvertraut wurde. Aber der Kommentar paßt, leider: »Wenn sie nicht bald ein paar Männer herangezogen haben, werde ich zu weinen anfangen, so traurig ist das Leben.«

Alle editorischen Überlegungen, die Hackert zu Fassungsüberlieferungen und -varianten der Romane anstellt, sind für die Saar-Reportagen im traurigsten Wortsinne gegenstandslos. Denn es existieren von diesen Texten nur die Druckfassungen in der »Frankfurter Zeitung« (der Abdruck in der Anthologie »Fazit« von 1929 ist deutlich gekürzt), da das Verlagsarchiv kurz vor Kriegsende durch Feuer zerstört wurde. Lediglich drei Notizzettel aus Saarbrücken sind überliefert.

Die Herausgeber seien, schreibt Hackert, »zugänglich auch der Kritik an ihren (der Werkausgabe, R.S.) buchmarktbedingten Schwächen«. Wird hier prophylaktisch die Verantwortung für die gravierende Unzulänglichkeit dieser Edition dem Verlag zugeschoben? Um von der eigenen Schluderei abzulenken? Außerdem sei, lesen wir, diese Ausgabe »nicht bestimmt für gralshüterische Gemeinden«. Das allerdings hört sich wie eine philologische Bankrotterklärung an.

Die erste Werkausgabe Roths von 1956 war (zeitbedingt) keine verläßliche Edition. Die zweite, umfangreichere, von 1975/76 ebenfalls nicht. Die jetzt vorliegende dritte setzt – bei allen Zuwächsen in der Quantität – diese Tradition leider fort.

V.

An einem Donnerstag im Oktober sei er in Saarbrücken angekommen, schreibt Roth. Ludwig Bruch vermutet in seinem ersten Artikel in der »Saarbrücker Zeitung« den 6. Oktober als Ankunftstag (und behauptet außerdem, Roth habe die Stadt schon ein paar Stunden später wieder verlassen). Ich glaube eher, daß Roth eine Woche später kam, am 13. Oktober, weil seine Kommentare zum städtischen Kino- und Theaterprogramm und zu Zeitungsanzeigen dies nahelegen.

In dem eingangs erwähnten, bislang undatierten Brief

Roths an Reifenberg (»Straßburg, Dienstag«), in dem er mitteilt, aus Saarbrücken soeben abgereist zu sein, heißt es unter Punkt 6: »Mit dem Geld komme ich nicht aus. In 4 Wochen habe ich 500 Mark gebraucht. Dabei ist Franc Währung«[20]. Er kündigt darin außerdem für den nächsten Tag die Übersendung eines »ersten Tagebuchheftes« an. Da die Zeitung Roths Serie am 16. November, einem Mittwoch, abzudrucken begann, wurde jener Brief vermutlich an dem Dienstag des 8. November 1927 geschrieben.

Unter Punkt 7 berichtet Roth seinem Redakteur neben Privatem auch einige für den Empfänger möglicherweise nicht uninteressante Einschätzungen bezüglich der Zeitung: »Im Saargebiet bin ich sehr bekannt, fast populär. Habe einen Vortrag über Rußland zu halten, Einladung der gebildeten Bürger. Zeitung wird sehr stark, aufmerksam und mit Gewinn gelesen. Das einzige Gebiet, in dem wir stärker sind als B.T[21] Voß[22] und Kölnische[23]. Feuilleton nur von Intellektuellen. Wird meist sehr gut befunden. Klagen über das Literaturblatt. (…) Propaganda für die Zeitung, Verkauf, Abonnentenbehandlung, Inserate unzulänglich. Aus diesem Gebiet könnten wir viele Inserate haben. Bäderblatt gefällt. Mein Roman[24] hat sehr gefallen«[25].

Einer der erwähnten »gebildeten Bürger« Saarbrückens war der Anwalt Eugen August, der in dem Beitrag »Menschen im Saargebiet« porträtiert wird (»Herr A.«)[26]. Roth hatte dem literarisch interessierten Juristen zu Weihnachten 1927 sein kurz zuvor erschienenes Buch »Flucht ohne

Ende« geschickt. August bedankte sich brieflich an Heiligabend dafür und fuhr fort: »Zu Dank bin ich Ihnen auch aus einem anderen Grund verpflichtet. Sie haben mir durch Ihr Porträt zu einer unverdienten Berühmtheit verholfen. Von vielen Seiten wurde mir aus diesem Anlaß manches Schmeichelhafte über Sie und mich gesagt, wobei ich boshaft genug war, immer das hinzuzudenken, was Sängers übertünchte Höflichkeit verschwieg«[27].

VI.

Als Roth sich im Mai 1928 mit konzeptionellen Überlegungen für seine Berichte beschäftigte, die er über Polen schreiben sollte, schlug er Reifenberg vor, diese – wie die Saar-Reportagen ein halbes Jahr zuvor – als Briefe zu verfassen. »Bitte um Mitteilung, möglichst bald, ob Ihnen diese oder Artikelform lieber. Mir die Briefe, weil ich nicht gern zerpflücke und zerhacken möchte meine sinnlichen Erfahrungen in künstliche Problemstellungen«[28].

Daß der Bevorzugung der intimsten literarischen Form für seine Artikel keine Koketterie zugrunde liegt, ist einer – sorgfältiger formulierten – Antwort auf eine Rundfrage der »Literarischen Welt« vom 4. Oktober 1929 zu entnehmen. »Es ist kein höhnischer Zufall, daß die Berichtquellen der Zeitungen ,Korrespondenz' und ,Korrespondenten' heißen. Blieben ihre Berichte private Briefe: Wieviel Erlebnisstoff böten sie uns! Aber da sie selbst ihr Briefgeheimnis verletzen,

150

da sie an Hunderttausende schreiben, nicht an einen, geht das ‚Erlebnishafte' verloren, verstreut sich in den Wind, der schließlich alle ‚Drucksachen' davonträgt«[29]. »Jedes Ereignis von Weltgeschichtsqualität«, heißt es an anderer Stelle, müsse er »auf das Persönliche« reduzieren, »gewissermaßen durch den Filtrierapparat ‚Ego' rinnen lassen«, es »aus dem Politischen ins Menschliche übersetzen«, um seine Größe fühlen und seine Wirkung abschätzen zu können[30].

»Eine von Roths großartigsten Reisen war die im Saargebiet«, erinnerte sich noch Jahrzehnte später Reifenberg. »Er schrieb sehr aggressiv und wir haben seine Artikel mit Wonne gebracht«[31]. Das mag für den Feuilleton-Leiter zutreffen, die ganze Wahrheit ist es wohl nicht. Denn es gab auch Stimmen in der Zeitung, die von Roths gelegentlich heftigem Ton in den Saar-Reportagen irritiert waren und warnten: »Er schreibt so fanatisch, daß die wirtschaftlichen Kreise es ihm übelnehmen werden«[32].

Roth hat sich trotz seiner Freundschaft mit Reifenberg wohl nie Illusionen über seinen tatsächlichen Rückhalt in der »Frankfurter Zeitung« hingegeben und beharrte stets auf seinem Außenseiterstandpunkt. »Niemals habe ich die ‚Weltanschauung' irgend einer Zeitung, in der ich gedruckt war, geteilt oder gar repräsentiert. Der anständige Radikalismus, den in der ‚Frankfurter Zeitung' mit mir noch zwei, drei Freunde vertreten und repräsentiert haben, ist nicht der Radikalismus der ‚Frankfurter Zeitung'. (…) Ich habe erfahren, daß ein wirklich unabhängiger Schriftsteller beinahe in keiner einzigen Zeitung schreiben kann, was er will und wie er will, ohne mit der Inseratenabteilung in Kollision zu geraten, mit den Herren Abonnenten, mit den Interessen des Verlagsdirektors«[33]

VII.

Genau dies – von der Inseratenabteilung der »Frankfurter Zeitung« wegen der Tendenz seiner Saar-Feuilletons unter Druck gesetzt worden zu sein – hatte die »Saarbrücker Zeitung« öffentlich behauptet. Am 29. November 1927, eine Woche nach Erscheinen der Reportage mit der Schilderung seiner Ankunft in Saarbrücken, wurde in der auflagenstärksten Tageszeitung des Landes unter dem Pseudonym »Matz« ein vierspaltiger Artikel publiziert, der sich außerordentlich kritisch mit dem Schriftsteller und seinen Eindrücken auseinandersetzte. Als Roth konterte und sich seinerseits in dem am 16. Dezember erschienenen Beitrag »Menschen im Saargebiet« über den Anonymus lustig machte, lüftete dieser zwei Tage später in einem weiteren Artikel (»Nochmals Herr Cuneus«) seine Identität – es handelte sich um Ludwig Bruch, den späteren stellvertretenden Chefredakteur der Zeitung. Er behauptete, Roth sei durch seine Redaktion »zum Einlenken genötigt« worden, weil die »Frankfurter Zeitung« auf ihr Absatzgebiet im Saarland den »größten Wert« lege, und er habe »wohl oder übel eine halbe Entschuldigung« schreiben müssen.

Die Impressionen des Herrn Cuneus.

Oder: was ein Frankfurter in Saarbrücken erlebte.

Gerade war Herr Cuneus aus Frankfurt a. M. via Paris auf dem Hauptbahnhof von Saarbrücken eingetroffen und hatte damit historischen Anlaß gegeben, sich heute der näheren Umstände dieser Ankunft zu erinnern. Es war am Donnerstag, den 6. Oktober, nachmittags 5½ Uhr, und es regnete. Nicht, als ob dieser Regen für Herrn Cuneus etwas neues gewesen wäre. Denn es regnete ab und zu auch in Frankfurt a. M. Aber seltsam: Noch nie hatte er in seinem Unterbewußtsein den undeutlichen Eindruck so deutlich verspürt, daß die Tristheit dieser Erscheinung auf die objektiven und subjektiver Sinneswahrnehmungen einen verderblichen Einfluß habe. Möglicherweise wäre diese Erkenntnis ins Oberbewußtsein vorgedrungen, hätten nicht andere, weniger philosophische Ueberlegungen die Aufmerksamkeit des Herrn Cuneus voll in Anspruch genommen. Man munkelt, daß Herr Cuneus keinen Schirm besaß. Wir wollen es dahin gestellt sein lassen, obgleich dieses Faktum eine gewisse Bedeutung hätte. Registrieren wir nur die Veränderungen, die an Herrn Cuneus nach der Infektion durch ödes Regenwasser ohne besonderen Scharfsinn leicht erkennbar waren.

1. Sein Gemüt umdüsterte sich. 2. Sein Blick nahm jenen umschleierten, glanzlosen Ausdruck an, der das Spektrum der realen Dinge beim Auftreffen auf die Netzhaut gefährden mußte. 3. Die Nasenschleimhäute verloren die Fähigkeit, richtig zu reflektieren, d. h. die Gerüche einer Thüringer Leberwurst und eines Limburger Käse gelegentlich auseinanderzuhalten.

Das alles wäre wenig bemerkenswert, hätte Herr Cuneus nicht den Auftrag gehabt, für sein Leib- und Magenblatt, die „Frankfurter Zeitung", Petit auf Borgis einen geistreichen Artikel zu schreiben. Einen Artikel, in dem sich das Gesicht der Stadt, bis er eben regennumschwängert betreten hatte, mit kristallener Klarheit spiegelte. Der die Menschen in ihrer Alltäglichkeit reproduzierte. Einen Artikel über das Drum und Dran, das Auf und Ab. Einen Artikel für solche, die hin und wieder den metallenen Klang des Namens Saarbrücken in Deutschlands Gefilden vernehmen würden. Man merkt schon, daß es Herrn Cuneus Absicht war, in das Milö dieser Stadt hinaufzusteigen. Daß er auf den Wogen seiner Stimmung, den Locken seiner Empfindung, den Ort seines Besuches durchsegeln würde. Es war Oktober. ¼6 Uhr nachmittags. Es dunkelte. Herr Cuneus aus Frankfurt suchte Bilder. Farbe, Leben! Herr Cuneus fand nur Dunst und Wasser. Er fand nur Regen, Regen —!

Kroch es nicht grau in grau auf diesem „traurigsten aller Bahnhöfe" an ihn heran? Lief Herr Cuneus nicht von Bahnsteig 2/3 Mitte nach Bahnsteig 1, um keinen Ausgang zu finden? Merkwürdige Impressionen stiegen Herrn Cuneus auf und formten das künftige Manuskript zu ätzenden Wendungen.

„.... Tief unter ihm gräbt man Kohle. Gestank der Lokomotiven? In dieser Gegend beinahe der harmloseste, beinahe ein Parfüm! Ringsum hat die Erde Ritzen. Aus den Ritzen dampft es Pech und Gestank..."

Es ist nicht richtig, daß Herr Cuneus in diesem Augenblick Hellrieder gewesen wäre, d. h. daß er Gerüche anderer Landstriche über große Entfernungen hinweg im Saarland hätte wahrnehmen können. Deuteten wir doch oben die wahren Zusammenhänge an, die das Riechorgan des Herrn Cuneus in den Zustand der völligen Inferiorität versetzen Aber seien wir gerecht. Da behaupten Menschen, der Bahnhof von Saarbrücken sei ein Place de la concorde. Was so klingt, wie die Pehauptung, die Alte Brücke sei eine Siegessäule. Der Bahnhof von Saarbrücken ist tatsächlich keine Place de la concorde. Erkennen wir an, daß Herr Cuneus ihn damit nicht verwechseln konnte. Und stimmen wir ihm zu, daß ein Bahnhof, der es ablehnt, ein Place de la concorde zu sein, (ledem Bahnhof gefällt seine Mütze) für Herrn Cuneus via Paris „also" zum finsteren, „finstersten" Bahnhof werden mußte.

●

Es war Donnerstag, Oktober. Sechs Uhr abends. Es regnete Herr Cuneus ging vom Bahnhof in die Stadt. O, hätte er es nicht getan! O, wäre er in Frankfurt a. M., in Paris, in Stockholm, o wäre er irgendwo geblieben. O hätte er die Organe seiner Empfindung und Wahrnehmung bis zu besserer Stunde ausgeruht.

Er hätte ahnen müssen, daß er im Wachzustand zu verantworten habe, was im schleierhaften Nebel sich voreilig in das Notizbuch seines Intellekts gedrängelt habe. Er ahnte nichts. Komische Bilder, schmutzig-grau, umflatterten ihn, als er seine Schritte durch das Gewimmel der Menschen lenkte. Zwar schien es einen Augenblick, als ob die Sinnes- und Denkmaschine des Herrn Cuneus die Freiheit des Handelns wiedergewinnen werde. Er sah die Menschen vor den elegant drapierten Fenstern. Er sah die gleißenden Reflexionen der Lichter. Er sah Waren und Preise und verarmte Käufer und erging sich wahrhaftig in normalen Kalkulationen. Dann aber fiel sein Erkennungsvermögen in den Zustand der Impotenz zurück. Phantastisches, Groteskes tat sich auf. Die Schaufenster entglitten dem Rahmen der Stadt und wuchsen in gewaltigen Dimensionen. Die Bogenlampen schnellten flimmernd hinauf in die Höhe. Die Luft ward dick. Die Hand klebrig. Das Gesicht aschfahl. Und keuchend fixierte Herr Cuneus im Halbdunkel eines Flures unter der Fülle der Geschehnisse:

„... Es sind so viele Menschen in der Straße, daß man sie einen Augenblick für fröhlich halten könnte. Aber sie ist nur geschäftig. Der Geruch der Kohle ist stark wie ein Schicksal. Die Luft ist fett und klebrig, ein kurzer Aufenthalt in der Straße und die Hände sind schmutzig. An den Knöcheln setzt sich braun-grauer Kohlenstaub an. Die Handteller sind grau, als hätte man zehn Waggontüren zugemacht. Ein schmaler Rand aus fettem Schmutz säumt die Manschette ein. Das Taschentuch, mit dem ich über das Gesicht fahre, ist grau, die Gesichter sind gelb. Das sind nicht die Farben der Fröhlichkeit."

Wir sehen, wie die kausalen Zusammenhänge der Dinge in Herrn Cuneus Vorstellung sich bereits verwirren. War ihm doch, da er vom Bahnhof ab nicht mehr an den Place de la concorde dachte, gänzlich entfallen, daß er soeben erst via Paris in Saarbrücken angekommen war. War ihm doch entfallen, daß er zwischen Paris und Reims und Reims und Metz und Metz und Saarbrücken die Waggontür tatsächlich 10mal zugemacht hatte! Und die Manschette? Hatte er sie nicht von Frankfurt a. M. mit jenem Fettkranz mitgebracht? Wahrscheinlich aber, daß sie in Paris den Abglanz der fetten Reisetage erhalten hatte. Herr Cuneus wußte nichts mehr davon. Er mußte nur, daß das klebrige Röllchen in lebhaftester Weise die Lust nach Flucht, nach Rettung, Erlösung, Entspannung in ihm erregte. Aber wohin? Ins Kino? Wo Fausltens Part aus grauer Holzwolle mit Gretchens flächsernen Zöpfen wiederum eine falsche Mischung aus legendärischer Naivität und hochentwickelter Großaufnahmetechnik in ihm erzeugen würden? Und dazu noch in Saarbrücken! Unmöglich stöhnte Herr Cuneus! Unmöglich! Noch nicht mal, weil es regnet.

*

Herr Cuneus saß im Kaffeehaus. Entsprechend dem Gesetz der geographischen Gebundenheit in einem Saarbrücker Kaffeehaus. Es blieb ihm nichts erspart. Die Dinge ringsum schienen sich in chaotischen Wirbeln aufzulösen und zusammenzuballen. Mit glasernen Augen starrte Herr Cuneus auf die rebellische Sahne. War das überhaupt Sahne? War das nicht der Abschaum einer revolutionären Erhebung der Materie? Heraus das Notizbuch:

„ ... Sie türmt sich, ballt sich, schwimmt, steht, verändert sich und das alles gleichzeitig. Sie erinnert an jenen Urnebel. Sie ist wie ein Schnee, wie das Material, aus dem Schnäne gemacht werden. Urschmanol. Sie ist wie Zucker und wie Alpen, wie Watte und Seife. Soll man sie essen, sich mit ihr waschen oder sie bestreigen . . .“

Herr Cuneus aß sie doch. Zwanzig Menschen ringsum — die nicht aussahen, als ob sie dächten — aßen sie. Und lauschten dem Walzerlied. Und die Mädchen aßen sie. Die Mädchen mit den „euren, abgeschabten, verregneten, nicht abgelegten Mänteln". Mädchen, „schon sitzen gelassen oder auch nicht", je nachdem, wie es das Schicksal der Mädchen in diesem schmutziggrauen Saarbrücken rings um den Urschmanol zu wollen scheint. Herr Cuneus dachte an die la-Sahne, die leckeren Mädchen von Frankfurt am Main. Herr Cuneus wurde energisch. Herr Cuneus zahlte!

Und wieder trottete Herr Cuneus auf der Straße. Er ging die Hauptstraße entlang. Er hatte irgendwo gehört, daß Saarbrücken aus drei Städten entstanden war, was ein von auswärts stammender Müllkutscher durch die Mitteilung ermittelt hatte, daß diese drei Städte vor 20 Jahren arme Fischerdörfer gewesen seien. Wie wäre es, wenn er dafür eine Umschreibung fände, eine abgeschwächte Form der Darstellung, eine harmlose Wendung etwa im Stile:

„Vor zwanzig Jahren erkannten die Einheimischen noch jeden Fremden auf der Straße. Ging einer vorbei, so sagten sie: Jetzt muß wieder ein Zug gekommen sein . . .“

Das alles war zwar vorbei. Soeben war auch ein Zug gekommen. Aber Herrn Cuneus, den Passagier, erkannte niemand. Nicht einmal ich, der ich an diesem 5. Oktober 1937 an dem Entdecker des Urschmanol gleich vor dem Kaffeehaus vorbeigegangen war. Warum hatte ich Herrn Cuneus nicht gestellt? Warum habe ich ihn nicht sachlich, historisch, materiell beschwert zu widerlegen versucht?

Herr Cuneus. — hätte ich sagen können. — vor zwanzig Jahren, das war Neunzehnhundertundsieben! Neunzehnhundertundsieben zählten die Städte des Ursschwanol hunderttausend Bewohner. Neunzehnhundertundsieben rangierte der Personenverkehr auf dem Bahnhof von St. Johann zur Freude des Herrn Breitenbach unter allen Bahnhöfen Preußens an siebenter Stelle! Neunzehnhundertundsieben sprach man von diesem Bahnhof als einem bedeutsamen Eisenbahnknotenpunkt. Herr Cuneus, hätte ich gesagt, gehen Sie in sich, Herr Cuneus —

Aber ich traf Herrn Cuneus nicht. So trottete er an jenem Abend nachdenklich, allein, regenumschauert, vermiesepetert, zur Alten Brücke. Zwei Städte, das sagte der Kutscher, hatten sich um ihr Denkmal gerissen. Und nun steht es da, mittemang auf der Fahrbahn, an einer Stelle, die in Frankfurt am Main Autos und Straßenbahnen und Fußgängern und Herrn Cuneus vorbehalten war, nun steht es da mittemang „und stört den Verkehr". Und ach, wenn es nur dieses wäre . . .!

Und wieder schien es, als ob die Beobachtungsmaschinerie des Herrn Cuneus in normaler Weise funktionieren wolle. Er sah den Markt und den Brunnen. Sah die alten Winkel und Gäßchen. Sah den Humoristen, die Neger, die Tänzerinnen im Kabarett. Sah die musizierenden Bayern und Tiroler. Juchhei, bidelbei . . .!

Plötzlich — — — was war das — — Herr Cuneus erschrak. Ein dumpfes Grollen erschütterte ihn. Es klang nach Detonationen. Bumm! Peng! Bumm! Aber er hatte noch Kraft, die mystischen Geschehnisse in lapidarem Stile zu registrieren.

„. . . . Dieser Boden, auf dem wir jetzt jobeln, ist hohl. Seit fünfhundert Jahren gräbt man Kohle unter unseren Füßen. In dieser Stunde sprengt man 800 Meter unter uns das Gestein . . .!"

Na ja: Errare humanum est! Lassen wir es genug sein. Herr Cuneus zog noch am 8. Oktober von hinnen. Er hatte vorher nach Saarbrücken hinüber wollen. Aber das Denkmal versperrte die Brücke. Vielleicht, daß der romantische Schloßplatz mit seinen barockverträumten Linien, vielleicht, daß der Ludwigsplatz mit seiner unvergleichlichen Harmonie die Regengeister des Herrn Cuneus beruhigt hätte. Vielleicht, daß er, wie einst Goethe, sein Landsmann, doch etwas Lobenswertes an dieser Stadt gefunden hätte. Nun war es zu spät. Und es gebrach ihm an Zeit. Fünf Stunden genügten — um seine feuilletonistischen Impulse dem Atem des Ruhms anzusachen. Fünf Stunden, um das Gesicht der Stadt zu zeichnen. Fünf Stunden bei Nacht und Regen, um das Miljö, diese ganze Tristheit der Grenzstadt vom Bahnhof bis zu Mentner abzutasten.

. . . Ach wie schade! Wie gern hätten wir Herrn Cuneus hinauf auf die Höhe geführt. Durch die malerischen Anlagen und Viertel. Wo die Gärten und Häuser sich mit schmucken Wohnbauten zu romantischen Naturbildern vereinen (. . hätte etwas von der Seele der Stadt verspürt. Von der Sprache der Landschaft. Von der Vergangenheit der Grenzmark, von ihrer Kultur — —.

Herr Cuneus zog von dannen. Und hinter ihm im wesenlosen Scheine — — . . . —.   Ret.

[Saarbrücker Zeitung, 29.11.1927]

Am 8. Januar 1928 teilte Roth Reifenberg mit, daß er ihm am Vortag erneut »einen Cuneus« geschickt habe, vermutlich den am 12. Januar erschienenen Beitrag »Das Warenhaus und das Denkmal«. »Ich fürchte, die Politik wird etwas gegen ihn haben. Vielleicht gibt man ihn sorgfältig einem zahmen Politiker[34]. Außerdem höre ich, daß die Saarbrückener Zeitung vom 19 oder 20 XII noch 2 Angriffe fabriziert hat. Ich bitte womöglich um Zusendung«[35].

An den beiden erwähnten Tagen finden sich keine Attacken in der »Saarbrücker Zeitung« auf Roth. Sein Ausdruck »höre ich« bezieht sich wohl auf einen Brief des Saarbrücker Arztes Wilhelm Wüllenweber, einem Leser der Reportagen Roths, vom 18. Dezember. Dieser hatte noch am Erscheinungstag von Bruchs Artikel die »Frankfurter Zeitung« über die Kritik unterrichtet. Die Feuilleton-Redaktion leitete Wüllenwebers Brief an ihren Korrespondenten, der längst wieder in Paris weilte, weiter. Von dort antwortete ihm Roth an Neujahr 1928. Sein Brief trägt die Absenderangabe »152 rue de la Pompe«, Roth wohnte also im Hotel St. Honoré d'Eylau: »Sehr verehrter Herr Dr. Wüllenweber, die Redaktion der ‚Frankfurter Zeitung‘ übersendet mir Ihren freundlichen Brief vom 18. Dezember 1927 mit dem Auftrag, Ihnen im Namen der Redaktion herzlich zu danken. Gestatten Sie, daß ich es in meinem eigenen ebenso herzlich tue. Es ist mir jetzt, in den Ferien, da ich an der Vollendung eines Buches arbeite[36], nicht möglich, sofort auf die Anwürfe der ‚Saarbrücker Zeitung' zu erwidern. Auch weiß ich nicht, ob die Redaktion der ‚Frankfurter Zeitung' es überhaupt wünschen würde. Gelegentlich eines meiner nächsten Briefe aber werde ich es mir bestimmt nicht versagen, Herrn Matz eine leichte Ohrfeige zu versetzen. Ich wäre Ihnen dankbar, wenn Sie zu diesem Zweck jene Nummer der ‚Saarbrücker Zeitung' im Kouvert (es genügt eine Seite) zuzuschicken die Güte hätten.

Zustimmungen sind in Deutschland so selten, daß den Autor jede einzelne freut wie ein Weihnachtsgeschenk. Um so mehr weiß ich eine zu schätzen, die das Niveau der Ihrigen hat. Es tut mir herzlich leid, daß mich der Zufall nicht zu Ihnen geführt hat. Wenn ich noch einmal nach Saarbrücken komme, werde ich nicht verfehlen, Sie zu besuchen (…)«[37].

In dem bereits erwähnten Brief vom 8. Januar an Reifenberg war Roths Ärger über die in der »Saarbrücker Zeitung« geäußerte Kritik drastischer formuliert: »Wenn Matz mit einer sanften Ohrfeige nicht genug hat, werde ich ihn verprügeln, daß es kracht, gleichzeitig mit dem hörbaren Ekel, den ich vor diesen Wanzen habe«[38].

Auch am 17. Dezember findet sich in der »Saarbrücker Zeitung« – allerdings in einem anderen Beitrag versteckt – ein scharfer Kommentar zu den Reportagen Roths. Der Musikkritiker der Zeitung (»Dr. A. P.«) eröffnete seinen Bericht über ein Gastkonzert des Saarbrücker Stadtorchesters in Neunkirchen mit einem etwa ebenso langen Angriff auf Roth, dessen Artikel »Menschen im Saargebiet« ein Tag zuvor erschienen war. »Herr ‚Cuneus‘ hat unsere Saarheimat in den diversen Feuilletons der ‚Frankfurter Zeitung‘ reichlich durch den Kakao gezogen. Gerade *Saarbrücken* und *Neunkirchen* haben in diesen Betrachtungen eines Feuilletonisten am schlechtesten abgeschnitten, und manches unwahre Wort muß einer leichtfertigen, oberflächlichen Geschwätzigkeit zugeschrieben werden, die wir am allerwenigsten Herrn Cuneus alias Joseph Roth, einem sonst auch von uns geschätzten Autor, nicht (sic!) zugetraut hätten. Herr Roth ist zwar ein guter Romanschriftsteller, aber als Journalist darf er sich doch wohl nicht erlauben, die objektiv-feststellbare Wahrheit von persönlichsten Gefühlanwandlungen beugen zu lassen. Mit snobistisch-überlegenem Herumreden (in einer soeben erschienenen unsachlichen Antwort an die ‚Saarbrücker Zeitung‘, in welcher unser *Matz* ihm handfest mit Gegenbeweisen entgegengetreten war) hat er sich vor den Eingeweihten nur noch mehr blamiert. *Auch Städte sollte man nicht verleumden!* Wir wissen selbst, daß die Industrie unseren Städten manch häßliches Pflaster ins Gesicht geklebt hat – aber warum hat Herr Cuneus wohl nur von diesen Pflastern geschrieben? Und dann noch etwas: das geistige Antlitz unserer Städte hätte einen Feuilletonisten reizen müssen, wenigstens ein paar Worte darüber zu verlieren. – Soviel über Cuneus. Warum? Weil wir auf einen Sprung nach *Neunkirchen* kamen, um dem ersten dieswinterlichen Sinfoniekonzert beizuwohnen, und weil wir bei dieser Gelegenheit den Widerspruch des

Nochmals Herr Cuneus.

Der Schriftsteller Josef Roth, der Verfasser der Cuneus-Aufsätze in der „Frankfurter Zeitung", hat auf die zahlreichen Kritiken seiner Saarbrücker Betrachtungen in einem zweiten Aufsatz geantwortet. Vor allem hat es ihm unser lustiger Matz-Artikel angetan, dessen Satire ihn zu einigen geschwollenen Redensarten und Anrempelungen veranlaßte. Wenn Herr Roth für den Humor dieses keineswegs tragisch zu nehmenden Artikels kein Verständnis aufzubringen vermochte, so vielleicht deshalb, weil wir bei unseren Glossen und Witzen nicht nach seinem Muster verfahren sind. Der wahre Humor liebt die Uebertreibung tatsächlicher Mängel und Mißverhältnisse, während Herr Roth um des Effektes willen in journalistischer Oberflächlichkeit auch dort billige Witze macht, wo es nichts zu scherzen gibt. Das erinnert etwas an die Art der Namenwitze. Wir könnten z. B. in dieser Form von Herrn Roth sagen: Er heißt Josef, also ist er zu keusch, sich der Wahrheit zu nähern. Doch wir wollen nicht in die Fehler des Herrn Cuneus verfallen.

Herr Roth zählt zu den literarischen Chargen. Aber es haben sich schon andere namhafte Leute geirrt, ohne ihrer Verärgerung in üblen Mißtönen Ausdruck zu geben. Fehlt ihm etwa das Gefühl, wie bedauerlich und — amüsant es ist, einen Mann von schriftstellerischem Rang in einer polemischen Verstrickung zu sehen, aus der ihm seine gekränkte Eitelkeit und die Schwäche seiner Position keinen Ausweg mehr finden läßt? Ach nein. Sicherlich wäre Herr Roth am liebsten in edler Zurückhaltung über den harmlosen Matz-Artikel hinweggeglitten, wenn nicht die „Stöße von Zuschriften aus dem Saargebiet" (bezeichnenderweise alle ablehnender Art!) Redaktion und Verlag seines Leiborgans zum Nachdenken und Einlenken genötigt hätten. Daß es ein Einlenken ist, darüber hilft keine geschliffene Diktion hinweg. Und das wird Herrn Roth mittlerweile zum Bewußtsein gekommen sein: Die „Frankfurter Zeitung" legt auf ihren Absatz ins Saargebiet den größten Wert, nachdem sie sich in dieses Gebiet durch ein unfaires Konkurrenz-Manöver seinerzeit eingeschmuggelt hatte. (Die Herren am Main wissen Bescheid!) Darum konnten ihr die Entgleisungen ihres Mitarbeiters nicht gleichgültig bleiben und darum mußte Herr Cuneus wohl oder übel eine halbe Entschuldigung schreiben.

Wir haben volles Verständnis dafür, daß dieser Auftrag in der Brust des Herrn Cuneus die peinlichsten Empfindungen weckte. Ist es doch tatsächlich kein Vergnügen, der Intelligenz der Saarbevölkerung nachträglich eine Reverenz zu erweisen, nachdem man kurz zuvor an ihr kein gutes Haar gelassen hatte. Daß er gerade einen halb kommunistischen Großkaufmann und einen Pazifisten von der Observanz des sanft entschlossenen

„Saarkurier" als Prototyp der saarländischen intellektuellen Oberschicht sich zu zeichnen bemüht, ist eine andere Sache. Immerhin ist klar, daß die Konturen des ersten Cuneus-Artikels durch diesen Nachtrag verwischt werden sollen. Darum verzeihen wir auch Herrn Roth die rechthaberische Überheblichkeit seiner neuen Epistel samt den lahmen Argumenten und dem vorgetäuschten Mangel an Auffassungsgabe, mit denen er seine Unfehlbarkeit zu stützen sucht. (Lokalpatriotismus, Fremdenvereinspolitik!) Wir sind nicht blind gegen die Schönheitsfehler und Mängel unserer Heimat und schätzen die objektive Kritik schon deswegen, weil wir sie ohne Rücksichtnahme selber üben. Aber wir verwahren uns gegen unberechtigte Übertreibungen, Verzerrungen und objektive Unrichtigkeiten, wie wir sie Herrn Roth leider vorhalten mußten. Darauf geht er in seiner Erwiderung mit keinem Wort ein und auch wir wollen uns ihre Wiederholung schenken. Nur eins sei gesagt: Ein Feuilletonist, der ins Saargebiet kommt, ohne zu bemerken, daß hier eine der hervorragendsten Industrielandschaften des Reichs zu finden ist, der das wahre Antlitz des Landes übersieht, der weder die Wesensart noch die Kultur der Bevölkerung aus näherem Erleben kennt, kurz, der nur kommt, um einige Äußerlichkeiten nach Laune und Stimmung zu kommentieren, der kann uns — selbst wenn er vom Range des Herrn Cuneus ist — gestohlen bleiben. Ludwig Bruch.

[Saarbrücker Zeitung, 18.12.1917]

Cuneusschen Urteils zu dem Tatsachenbestand – soweit *Neunkirchen* in Frage kommt – recht tief empfanden. Es wird Matzens Aufgabe sein, weiter mit Cuneus, dem Reiseonkel, die Klingen zu kreuzen«[39]. Was einen Tag später, in der bereits erwähnten Polemik »Nochmals Herr Cuneus«, geschah. Im Roth-Nachlaß im Leo-Baeck-Institut finden sich übrigens die drei erwähnten Beiträge aus der »Saarbrücker Zeitung«[40].

*

Auch in der »Frankfurter Zeitung« erschien ein kritischer Leserbrief. Er bezog sich auf eine Nebenbemerkung Roths in seinem zweiten Beitrag. Seine Ankunft in Saarbrücken schildernd, hatte Roth formuliert, daß die »Zeiger so vieler Uhren, Milliarden Zeiger«, die Dämmerung »verdichten« könnten. In der Ausgabe vom 5. Dezember griff »mmg.« – möglicherweise die »Weltbühne«-Autorin Martha Maria Gehrke – diese Bemerkung auf und ließ sich unter der Überschrift »Milliarden Uhrenzeiger…!« recht weitschweifig aus: »Neulich hat hier die *Mathematik* auf einem vermutlich ledernen Sofa gesessen und übel genommen, daß man ein paar reizende Witze mit ihr gemacht hat. Ich mache keine Witze, ich nehme sie ernst, tierisch ernst, die allerprimitivste Form von Algebra gedenke ich ernst zu nehmen, weil Ihr Mitarbeiter Cuneus in seinen *Briefen aus Deutschland* sie sich auf eine allzu leichte Achsel gepackt hat.

162

Er fuhr von Lothringen ins Saargebiet, ein ausgezeichnetes Feuilleton von sieben Spalten ist daraus entstanden; aber alle sieben wiegen den gräßlichen algebraischen Leichtsinn nicht auf, der schon in der fünften Zeile steht. Da kommt er nach Mitteleuropa, die Uhr ist vorgeschoben, ‚und die Zeiger so vieler Uhren, *Milliarden Zeiger*, können die Dämmerung verdichten‘.

Das las ich kurz vor Isenburg, und bis Darmstadt mußte ich rechnen, um die Milliarden zusammenzukriegen, 23 Minuten lang. Es ist mir nicht gelungen, lieber Cuneus! Wir Deutsche sind ein Volk von 60 Millionen, davon sind 59.999.999 Pedanten, der Sechzigmillionste sind Sie, und an der Spitze der übrigen stehe ich und billige uns zunächst einmal 50 Millionen Taschenuhren zu, abzüglich der Kinder im Vorkonfirmationsalter. Es ist sehr gut gerechnet, nicht alle bekommen zur Konfirmation eine Taschenuhr, manche bringen es zeitlebens nicht dazu.

Die Taschenuhren, die im Versatzamt träumen, habe ich eingerechnet.

Kommen wir nun zu den Kirchen-, Rathaus- und anderen öffentlichen Uhren, bedenken wir ferner die Reklame-Uhren der Händler, so glaube ich, daß ihre Zahl mit 10 Millionen für Deutschland nicht zu niedrig angesetzt ist, besetztes Gebiet und Freistaat Danzig einschließlich. Das Ergebnis wäre demnach im Namen des seligen Riese: Eine Uhr je Deutscher. Was rechnen Sie nun zu Mitteleuropa? Soviel ich weiß, gehört Österreich samt den

Nachfolgestaaten, die Schweiz und Italien unter gedachten Begriff. Hier beginnt es peinlich für mich zu werden: ich mache meine Berechnung wie erwähnt in der rollenden Eisenbahn, von allen Hilfsmitteln der Wissenschaft entblößt. Was hilft mir übrigens Großmütterchens Kl. Brockhaus von 1899 – meine Honorare werden niemals einen Großen Meyer tragen. Immerhin glaube ich mich zu erinnern, daß Italien 42 Millionen Einwohner und relativ sehr viel weniger Uhren hat als unser Vaterland. Wenn ich das durch die Schweizer Uhrenindustrie als kompensiert betrachte, so komme ich Ihnen, geehrter Herr, ungewöhnlich entgegen. Wollen Sie bitte bedenken, daß die volkreichste Stadt der Schweiz nur etwas über 200.000 Einwohner hat! Ohne mich auf die letzte Volkszählung in den Nachfolgestaaten des Näheren einzulassen, möchte ich Ihnen nunmehr ein generöses Angebot von 200 Millionen Pauschale machen und das ist eigentlich mehr, als ich vor meinem Gewissen verantworten kann. Mit zwei multipliziert – denn jede Uhr hat zwei Zeiger – erreichen wir mühsam 400 Millionen. Wie wird Ihnen? Ach bitte, reden Sie sich nicht auf die Nordstaaten heraus, ganz Norwegen zählt alles in allem so viel Einwohner wie Groß-Berlin! Ich schenke sie Ihnen. Ich schenke Ihnen alle Länder der mitteleuropäischen Zeit – nicht nur ‚Mitteleuropa‘ – und Sie kommen noch lange nicht zu einem grünen Resultat. Sie kommen zu keiner einzigen Milliarde, denn so eine einzige armselige Milliarde hat

1.000 (in Worten: tausend) Millionen! Hier spukt Zahlen-Elefantiosis, der Nullenwahn der Inflationsjahre – sie seien ferne von uns! Im Namen der Stabilisierung, im Namen der Mathematik, im Namen der heiligen Pedanterie bitte ich Sie, Cuneus: lassen Sie das nächste Mal ‚Millionen‘ drucken – in all den ‚Tausenden‘ von Nachdrucken, die Ihrem Feuilleton bestimmt erblühen werden!«

Der attackierte Autor reagierte auf diesen Leserbrief knapp und souverän. Unter der redaktionellen Bemerkung »Dazu schreibt uns unser Mitarbeiter Cuneus« heißt es in derselben Ausgabe der Zeitung: »Sehr verehrte Redaktion, ich habe mich verrechnet, indem ich die Anzahl der Zeiger mit den überflüssigen Sorgen multiplizierte, die sich der Verfasser der Zuschrift macht. Ihr ergebener Cuneus«[41].

Roths große Empfindlichkeit bei Ablehnung verrät eine Bemerkung in einem wenig später verfaßten Brief: »Ich habe gegen Menschen, die mich nicht mögen, nicht die Spur einer ‚Großmut‘ oder einer ‚Christlichkeit‘ und habe auch nicht Vornehmheit genug. Ich schade ihnen, wo ich kann, mit List und Gewalt und lauere nur auf die Gelegenheit, sie ohne Zeugen in einer Sackgasse umzubringen«[42].

VIII.

Zurückgekehrt ins Saargebiet ist Roth nicht mehr, auch nicht in den zwei Jahren zwischen dem 30. Januar 1933 und dem 13. Januar 1935. In dieser Zeit hielten sich bekannte und weniger bekannte Autoren, die aus Deutschland vertrieben worden waren, an der Saar auf. Sie warnten die Bewohner des seit 1919 unter Völkerbundsverwaltung stehenden Landes angesichts des bevorstehenden Referendums vor einem Anschluß an das faschistisch regierte Deutschland bzw. warben für die »Status-Quo«-Parole der Hitlergegner[43].

Zweimal noch kam Roth in seinem Werk auf die Saar zu sprechen. In einem Beitrag über das Reichskonkordat im »Neuen Tage-Buch« vom 8. September 1934 zeigte sich Roth überzeugt, daß »die Katholiken im Saargebiet (...) dem plötzlichen Bekenntnis Hitlers zum Christentum« nicht glaubten; und er zweifelte nicht daran, daß die Nationalsozialisten, »diese braven Heiden«, »(bald) die Saar« verlieren würden[44]. Roth war nicht der einzige, der mit dieser Prognose des Abstimmungsverhaltens der Saarländer vollkommen danebenlag.

Auch an anderer Stelle hat er Eindrücke von seinem Aufenthalt an der Saar verarbeitet, und zwar in dem 1934 erschienenen Essay »Der Antichrist«. Darin finden sich in dem Abschnitt »Unter der Erde« eine ganze Reihe von Entlehnungen aus seinem Artikel »Unter Tag«. Roth stellt diese hier allerdings in einen stark religiös gefärbten Kontext: »Steigen wir aber unter die Erde, so können wir nicht mehr die Arme nach dem Himmel ausstrecken. Wir können nicht mehr mit unserm Körper das Zeichen der Erlösung, das Zeichen des Kreuzes, nachbilden, im Stehen. (...) Achthundert Meter unter der Erde aber kann man nicht aufrecht stehn. (…) Wie ein Tier kriecht man durch finstere und schmale Gänge auf allen vieren. (…) Und man sieht, daß wir nicht geschaffen sind, den Himmel zu entbehren«[45].

IX.

Bleibt das Pseudonym. Einige Deutungsversuche kann man in der Sekundärliteratur finden. David Bronsen formuliert in seiner Roth-Biographie: »Als Pseudonym für die Serie hatte er sich den Namen ‚Cuneus' – der Keil – zugelegt, womit er seine sozialistische Absicht andeutete«[46]. »Als ‚Cuneus' zeichnete er, als ‚Keil' wollte er seine Artikel wirken sehen, als aufrüttelnde und aufklärende Texte«, schreibt auch Klaus Westermann[47]. Ähnliches im Roth-Katalog der Deutschen Bibliothek Frankfurt: »Die Artikel über das Saargebiet erschienen (…) unter dem Pseudonym ‚Cuneus', der Keil. In ihnen kommt Roth sozialistischen Vorstellungen besonders nahe«[48]. In der Bildbiographie von Heinz Lunzer und Victoria Lunzer-Talos heißt es: »In ‚Briefe aus Deutschland', die er mit ‚Cuneus', d.h. ‚Pfeil', zeichnete, machte Roth die Zunahme rechter Ideologien durch die Schilderung der ausweglosen Lage des Proletariats nachvollziehbar«[49]. Von dem Irrtum ‚Pfeil' statt ‚Keil' abgesehen, überzeugt mich die Tendenz der Interpretationen nicht. Ein sozialistisch-aufrüttelnder Inhalt scheint mir – wenn überhaupt – nur in minimaler Dosierung vorhanden.

Die Zeiten, in denen Roth seine Artikel mit einem übermütigen »Der rote Joseph« zu zeichnen pflegte, waren Ende 1927 schon einige Jahre vorbei. Frisch in Erinnerung waren ihm gewiß aber noch seine Eindrücke von einer monatelangen Reise durch die Sowjetunion ein Jahr zuvor. Ernüchtert hatte er von seinen Hoffnungen, die er in dieses politische System gesetzt hatte, Abschied genommen: »Da aber die Herren nicht da sind, laufen die Lakaien herum, wie Hunde ohne Maulkörbe und beißen«[50]. In einem Gespräch mit Walter Benjamin behauptete Roth gar, »als nahezu überzeugter Bolschewik nach Rußland gekommen zu sein, das Land aber als Royalist wieder zu verlassen«[51]. Und er sollte ein knappes Jahr später wieder sozialistisch agitieren wollen? Ausgerechnet in der »Frankfurter Zeitung«? Und deren ganz überwiegend bürgerliches Lesepublikum?

Ich nehme an, daß Roth, ein besonders begabter Schüler des humanistischen Gymnasiums von Brody, auf eine andere Bedeutung von »cuneus« Bezug nahm. In den Wörterbüchern findet sich nämlich neben dem »cuneus ferreus«, dem (eisernen) Keil, in übertragener Bedeutung noch die – keilförmig abgeteilte – »Sitzreihe« im Theater und davon metonymisch abgeleitet der Begriff »Zuschauer«. Diese Bedeutung von »Cuneus« entspricht m.E. viel eher Roths Selbstverständnis.

Benno Reifenberg charakterisierte seinen Freund einmal als einen Menschen, der »niemals hastig« gewesen sei;

und »ein nicht zu erschöpfender Vorrat von Zeit« sei ihm verliehen gewesen, »in seinem leichten Gang lag ein heimliches Schlendern, die Fähigkeit, wo immer er wollte, stillzustehen, sein Gang war reinster Ausdruck einer inneren Freiheit. Im Kern seines Lebens trieb keine Unruhe«[52]. Als flanierenden Zuschauer und Betrachter kann ich mir Roth gut auch in Saarbrücken vorstellen, weiß er doch: »Und man lernt nicht die Welt kennen, indem man einen Berg besteigt und sie von einem Standpunkt aus betrachtet, sondern im Gehen, indem man sie durchwandert«[53].

X.

Der Kern des Streits zwischen Roth und seinen zeitgenössischen saarländischen Kritikern scheint mir darin zu liegen, daß diese seine Reportagen vor allem als Sachtexte lasen. Und von einer solchen Gattung erwarteten, daß sie – wie ihre eigenen Artikel – an der Realität überprüfbar bzw. in der Sache korrekt sein sollten.

Um etwas ganz anderes ging es Roth. Er zielte auf die innere Stimmigkeit in seiner Beschreibung einer Region und ihrer Menschen. Auch dürfte ihm die Art und Weise seiner Wahrnehmung wichtiger gewesen sein als die sachliche Richtigkeit. Und er hatte noch ein weiteres Kriterium zu beachten: die Dramaturgie seines Textes. Ein Beispiel mag dies verdeutlichen.

Zwei Saarbrücker Stadtteile, so Roth, hätten sich um die Ehre gestritten, ein Reiterstandbild Wilhelms I. aufstellen zu dürfen. »Schließlich stellte man es mitten auf die Brücke, die beide alte Stadtelemente verbindet. Dort stört es jetzt den Verkehr – und das ist schließlich noch das Harmloseste, was ein kaiserliches Denkmal tun kann«[54]. Betrachtet man eine zeitgenössische Fotografie, erkennt man sofort, daß das Denkmal gerade nicht stört, steht es doch gar nicht in der Brückenmitte, sondern abseits vom Durchgangsverkehr in einer nischenartigen Ausbuchtung. Kein Autor von Rang – und vor allem nicht Roth – hätte sich diese Pointe allerdings entgehen lassen. Durch Akzentuierungen dieser Art nimmt die literarische Qualität der Roth-Texte allerdings keinen Schaden, sie erfährt dadurch eine Steigerung.

Es waren aber gerade solche Zuspitzungen, die den heftigsten Widerspruch der Journalisten vor Ort provozierten, die sich übrigens stilistisch vergleichsweise wacker schlugen und in ihrer Polemik gelegentlich witzige Formulierungen und Vergleiche fanden. Beide Parteien sahen in ihrem Streit jedoch – vollkommen zurecht – Grundsätzliches tangiert. Die Saarbrücker Kritiker verkannten Roths literarische Intention und bemängelten, daß das »Positive« fehle[55]. »Herr Roth (macht) um des Effektes willen in journalistischer Oberflächlichkeit auch dort billige Witze, wo es nichts zu scherzen gibt«, dekretierte Ludwig Bruch[56].

Roth dürfe es sich nicht erlauben, postulierte A. P., »die objektiv feststellbare Wahrheit von persönlichsten Gefühlsanwandlungen beugen zu lassen«[57]. Roth würde vermutlich genau dies als eines seiner ästhetischen Ziele formuliert haben. Noch einmal Bruch: »Wir verwahren uns gegen unberechtigte Übertreibungen, Verzerrungen und objektive Unrichtigkeiten, wie wir sie Herrn Roth leider vorhalten mußten«[58]. Und vorgehalten werden Roth jene Passagen, in denen er das Typische der Region einzufangen und zu beschreiben suchte: die Trostlosigkeit einer Industriestadt in der deutschen Provinz und die Mentalität ihrer Bewohner; vermutlich jene Passagen, die Roth die komplexesten Darstellungsüberlegungen abverlangt haben und die er wohl für die literarisch gelungensten gehalten haben dürfte.

Der Streit entzündete sich zwar an einzelnen Formulierungen, seine Ursache liegt aber, glaube ich, in den unterschiedlichen Auffassungen von Journalismus begründet, im differierenden Selbstverständnis, das durch die jeweils andere Position in Frage gestellt wurde.

Roth, der Romancier, konzipierte auch seine Zeitungsartikel als literarische Texte, die seinen hohen ästhetischen Standards zu genügen hatten. Deshalb durfte er nicht nur, sondern war geradezu gehalten, die vorgefundene Realität einem höchst persönlichen Transformationsprozeß zu unterwerfen, sie zu inszenieren und zu dramatisieren, bis der entstandene Text nach Auffassung des Autors die Atmosphäre stimmig abbildete, bis die Personen in ihrem jeweiligen Umfeld glaubwürdig typisiert waren.

Jeder literarisch anspruchsvolle Text verlangt zudem nach retardierenden und akzelerierenden Momenten sowie – gerade als Serie in einer Tageszeitung – nach einer spezifischen Dramaturgie. Nichts anderes hat Roth getan, und der Dissens mit den etablierten Journalisten der Region mußte aufbrechen.

Als die Reportagen Roths Ende der 20er Jahre zum ersten Mal erschienen, fühlten sich die Saarländer – von ein paar Ausnahmen abgesehen – heftig provoziert. Es fehlte damals der Abstand zu den Beobachtungen und Kommentaren des Autors, und es fehlte die Gelassenheit, seine Porträts und Tagträume unvoreingenommen zur Kenntnis zu nehmen und auf sich wirken zu lassen. Mehr als sieben Jahrzehnte nach ihrer Entstehung und fast 60 Jahre nach dem Tod ihres Autors wird es Zeit einzusehen, daß die Aufregung, die die Lektüre dieser Reportagen noch immer auslösen kann, allein ihrer hohen literarischen Qualität geschuldet ist; und der Fähigkeit Roths zur genauen Beobachtung sowie seiner überragenden Begabung bei der Schilderung von Menschen und ihren unterschiedlichen Milieus, die schon wenige Jahre später entweder zerschlagen[59] oder totalitär überformt wurden.

Anmerkungen

1. Aus einem unveröffentlichten Brief Roths vom 23.12.1929 an Gottfried Benn (Schiller-National-museum/Deutsches Literaturarchiv, Marbach a. N., Handschriftenabteilung: A: Benn/86.9646).

2. Joseph Roth: Briefe 1911 - 1939. Hg. von Hermann Kesten. Köln/Berlin 1970, S. 41.

3. Benno Reifenberg, Journalist, Essayist, Kunsthistoriker. 16.7.1892 (Oberkassel b. Bonn) - 9.2.1970 (Kronberg/T). Seit 1919 Mitarbeiter der ‚Frankfurter Zeitung‘, 1924 - 1930 Leiter der Feuilleton-Redaktion, 1930 - 1932 Paris-Korrespondent, 1932 - 1943 politischer Redakteur. 1958 - 1966 Mitherausgeber der ‚FAZ‘.

4. Briefe, S. 111.

5. Ebenda.

6. Heinz Lunzer u. Victoria Lunzer-Talos: Joseph Roth – Leben und Werk in Bildern. Köln 1994, S. 10 u. S. 13.

7. Ebenda, S. 69.

8. Ebenda, S. 134.

9. Ebenda, S. 90.

10. Briefe, S. 117.

11. Das Neue Tage-Buch, 8.9.1934.

12. David Bronsen: Joseph Roth – Eine Biographie. Köln 1993, S. 173.

13. Ebenda.

14. D. Bronsen, S. 341ff.

15. Zit. nach Gerda Marko: Schreibende Paare – Liebe, Freundschaft, Konkurrenz. Zürich/Düsseldorf 1995, S. 192.

16. Fred Grubel: Mein Vetter Muniu, in: Walter Zadek (Hg.): Sie flohen vor dem Hakenkreuz – Selbstzeugnisse der Emigranten – Ein Lesebuch für Deutsche. Reinbek 1981, S. 231.

17. Briefe, S. 120.

18. Ebenda.

19. Benno Reifenberg: Erinnerung an Joseph Roth, in: Lichte Schatten – Aus den literarischen Schriften von Benno Reifenberg. Frankfurt/M. 1953, S. 209f.

20. Briefe, S. 111.

21. Berliner Tageblatt.

22. Vossische Zeitung (Berlin).

23. Kölnische Zeitung.

24. Da der Roman »Die Flucht ohne Ende« lt. Bronsen (S. 162) erst zu Weihnachten 1927 herauskam, bezieht sich Roths Bemerkung wohl auf den Roman »Zipper und sein Vater«, den die ‚Frankfurter Zeitung' in einer vorläufigen Fassung zwischen dem 1. und 27.10.1927 abdruckte.

25. Briefe, S. 111.

26. Vgl. S. 80f.

27. Brief im Leo-Baeck-Institute (New York), Bornstein-Collection, AR-B-394 Box 4152 (IV: Privatkorrespondenz).

28. Briefe, S. 129.

29. Joseph Roth: Werke Band 3: Das journalistische Werk 1929 - 1939. Hg. von Klaus Westermann. Köln/Amsterdam 1991, S. 101.

30. Joseph Roth: Werke Band 1: Das journalistische Werk 1915 - 1923. Hg. von Klaus Westermann. Köln/Amsterdam 1989, S. 570.

31. D. Bronsen, S. 174.

32. Ebenda.

33. Aus: Joseph Roth antwortet, in: Die Weltbühne Nr. 39 (25. Jg.), 24.9.1929, S. 494.

34. Gemeint: Einem gemäßigt konservativen Politik-Redakteur zum Redigieren.

35. Briefe, S. 117.

36. Vermutlich ist der 1928 erschienene Roman »Zipper und sein Vater« gemeint. In einem am 28. Dezember 1927 verfaßten Brief heißt es: »(…) Er (,Zipper und sein Vater', R.S.) bekommt einige Änderungen« (Briefe, S. 114). In einem Brief vom 5. Januar 1928 schreibt er: »Es fehlen noch ein paar dramatische Situationen und ein Abschluß, das ist: ein Brief des Autors an den jungen Zipper« (Briefe, S. 116).

37. Der Abdruck des Briefs erfolgt mit freundlicher Genehmigung von Klaus Völker (Berlin), der zwei Briefe Roths an Wilhelm Wüllenweber besitzt und mir von einem eine Abschrift zur Verfügung stellte. In dem zweiten Brief bedankt sich Roth – lt. Völker – bei Wüllenweber für die Übersendung von dessen im Mai 1927 in der Saardruckerei veröffentlichter Romanze »Die letzte Fahrt«.

38. Briefe, S. 117.

39. Saarbrücker Zeitung, 17.12.1927.

40. Allerdings sind zwei dieser Beiträge handschriftlich falsch datiert. Der Beitrag von ‚A. P.‘ trägt das Jahresdatum »28«, das später gestrichen und durch die kleiner geschriebenen Ziffern »27« korrigiert wurde. Der erste Beitrag von ‚Matz‘ vom 29.11.1927 ist handschriftlich mit dem Datum »29.1.1928« versehen. Daneben findet sich der Vermerk »Über Roth = Cuneus«. Die Eintragungen stammen nicht von der Hand Roths. Der Artikel vom 18. Dezember gelangte über den Berliner Ausschnittdienst von Adolf Schustermann in den Besitz des Autors.

41. Frankfurter Zeitung, 5.12.1927.

42. Brief vom 28.3.1929. Briefe, S. 151.

43. Vgl. Ralph Schock (Hg.): Haltet die Saar, Genossen! – Antifaschistische Schriftsteller im Abstimmungskampf 1933 - 1935. Berlin/Bonn 1984.

44. J. Roth, Werke Bd. 3, S. 550.

45. Ebenda, S. 622.

46. D. Bronsen, S. 173.

47. Klaus Westermann: Joseph Roth, Journalist – Eine Karriere 1915 - 1939. Bonn 1987, S. 60.

48. Joseph Roth: 1894 - 1939. Eine Ausstellung der Deutschen Bibliothek Frankfurt am Main. Frankfurt/M. 1979 (2. Aufl.), S. 183.

49. Lunzer, S. 164.

50. Joseph Roth: Tagebuch der Rußlandreise, in: ders.: Reise nach Rußland – Feuilletons, Reportagen, Tagebuchnotizen 1919 - 1930, hg. von Klaus Westermann. Köln/Amsterdam 1995, S. 265.

51. Ebenda, S. 291.

52. B. Reifenberg, Erinnerung, S. 208.

53. J. Roth, Werke Bd. 2, S. 659.

54. Vgl. S. 42.

55. Der Streit erinnert an die Diskussion, die 1976 um Reiner Kunzes Buch »Die wunderbaren Jahre« geführt wurde. Kritiker aus der DDR und in der DKP behaupteten damals sinngemäß, daß durch die Betonung und das Herausgreifen von negativen Erscheinungen das Gesamtbild verfälscht werde. Als ob jedes belletristische Werk die Bedingung, ein Gesamtbild zu zeigen, erfüllen bzw. politisch und soziologisch ‚korrekt' sein müßte.

56. Saarbrücker Zeitung, 18.12.1927.

57. Saarbrücker Zeitung, 17.12.1927.

58. Saarbrücker Zeitung, 18.12.1927.

59. Die Sozialdemokraten Max und Angela Braun, die Rechtsanwälte Hirsch und August sowie der Arzt Wüllenweber – zu ihnen allen hatte Roth Kontakt – mußten nach der Saarabstimmung von 1935 emigrieren. In der Meldekartei des Saarbrücker Stadtarchivs lautet die letzte Eintragung über den seit 1922 in Saarbrücken wohnhaft gewesenen Dr. Karl Hirsch: »Ab 27.2.1935: Auf Reisen«. Er wandte sich später noch einmal an die Stadtverwaltung, und zwar im März 1949 aus seinem damaligen Wohnort Buenos Aires.

Die letzte Spur des am 4.5.1888 in Saarbrücken/St. Johann geborenen Internisten Wilhelm Wüllenweber ist eine Eintragung in der Meldeliste vom 25.2.1936. Wenige Tage vor Ablauf der sog. Römischen Schutzverträge emigrierte er nach Österreich; seine letzte Adresse war: Wien 1, Dorotheengasse 2/2.

Eugen August schließlich (»Herr A.«), der Vater des späteren Oberlandesgerichtspräsidenten Hans Neureuter, 1876 in Wellesweiler bei Neunkirchen geboren, seit 1903 in Saarbrücken lebend und im Einwohnerregister mit dem Vermerk »israel. Konfession« geführt, wohnte mit seiner zweiten Ehefrau seit dem 3.7.1918 in der Johannisstraße 6: »Die Eheleute August meldeten sich am 9.2.1935 nach Straßbourg (sic!) ab und kamen«, heißt es in vermutlich korrektem Amtsdeutsch, »seither hier nicht wieder zur Anmeldung«.

Dieser Satz steht in einem dem Meldebogen angehefteten Schreiben des Stadtamtes I. B/5 an das Kämmereiamt/Steuerabteilung vom 9. September 1947. Diesem Aktenvermerk ist außerdem zu entnehmen, daß »die Eheleute August, lt. Mitteilung des Reichskommissars für die Rückgliederung des Saarlandes 1a A IV am 24. 7. 1945 (sic!) die französische Staatsangehörigkeit erworben haben.«

Auf der Meldekarte selbst findet sich – mit roter Tinte und unmißverständlich deutlich geschrieben – als korrektes Einbürgerungsdatum in Frankreich der 24. 7. 1935. Im Juli 1945 gab es nicht nur keinen Reichskommissar mehr, sondern auch kaum noch deutsche Juden, die von Frankreich hätten eingebürgert werden können. Wie ahnungslos, wie gleichgültig darf eine Verwaltung sein, der ein solcher Fehler jahrzehntelang unbemerkt bleibt?

ZUR EDITION

Der Text folgt den zwischen dem 16.11.1927 und dem 28.1.1928 in der »Frankfurter Zeitung« erschienenen Erstdrucken. Die ursprüngliche Orthographie und Interpunktion wurden ebenso beibehalten wie Inkonsequenzen in der Schreibweise einzelner Wörter. Auch bei Zahlenangaben verfuhr Roth uneinheitlich; kleinere Zahlen wurden in der vorliegenden Ausgabe in der Regel ausgeschrieben. Am Wortanfang vorkommende Umlaute (Aehre, Oefen, Ueberzieher etc.) wurden dem heutigen Schriftbild angepaßt. Hervorhebungen von Wörtern oder Satzteilen durch Sperrdruck oder die Verwendung lateinischer Lettern in der Frakturschrift wurden einheitlich kursiviert.

Offensichtliche Druckfehler wurden korrigiert (»primtiven«/»primitiven«, S. 42; »diesen«/»diesem«, S. 69; »manmal«/ »manchmal«, S. 70; »ein paar«/»ein Paar«, S. 93; »seufzen«/»seufzten«, S. 94). Eine fehlende Zeile am Ende des Beitrags vom 27.11.1927 wurde nach dem Wortlaut aus der 1929 von Ernst Glaeser herausgegebenen Anthologie »Fazit – Ein Querschnitt durch die deutsche Publizistik«, die Roths Saar-Reportagen in einer gekürzten Fassung enthält, in eckigen Klammern ergänzt.

Eine im Text nicht aufgenommene redaktionelle Vorbemerkung zur Folge »Unter Tag« lautet: »Wir möchten unsere Leser darauf aufmerksam machen, daß wie der folgende Brief auch die beiden anderen von uns veröffentlichten nicht fingierte Briefe sind, sondern Berichte unseres Mitarbeiters Cuneus an seine deutschen Freunde. D. Red.«.

Zur Kennzeichnung der zahlreichen direkten Reden bzw. der zitierten Aussprüche seiner Gesprächspartner hat Roth nur gelegentlich Anführungszeichen verwendet. Dadurch entstehen zahlreiche Abweichungen zu der von Fritz Hackert und Klaus Westermann herausgegebenen sechsbändigen Werkausgabe, in der wörtliche Äußerungen häufig in Anführungszeichen gesetzt wurden. Auch durch die Beachtung der Roth'schen Orthographie und Interpunktion sowie durch die Korrektur von zahlreichen, in der Werkausgabe enthaltenen Lese- und Druckfehlern ergeben sich eine ganze Reihe teils gravierender Abweichungen von der Fassung der Werkausgabe.

DANKSAGUNG

Die Erlaubnis zur Erstveröffentlichung der Texte Roths
erteilten freundlicherweise der Verlag Allert de Lange
(Amsterdam), dem die Rechte am ungedruckten Werk
gehören, sowie die Besitzer der Materialien. Es sind dies
das Leo-Baeck-Institute (New York), das Schiller-Natio-
nalmuseum/Deutsches Literaturarchiv (Marbach a. N.)
und Klaus Völker (Berlin). Der Verlag Kiepenheuer &
Witsch (Köln) gestattete den Nachdruck der Reportagen
von Roth. Die Geschäftsführung der »Saarbrücker Zeitung
Verlag und Druckerei GmbH« war mit der Reproduktion
der beiden Artikel von Ludwig Bruch einverstanden.

Hinweise oder Anregungen haben gegeben: Lilli Baumann
(Neunkirchen), Ulrich v. Bülow (Marbach), Alain Lance
(Paris), Heinz Lunzer (Wien), Helmut Schock (Neunkirchen), mein Vater Martin Schock (Ottweiler), Rainer-Joa-
chim Siegel (Leipzig) und Hans-Albert Walter (Hofheim).

Freundliche Unterstützung kam vom Stadtarchiv Saarbrücken (Fritz Jacoby), der Landeskundlichen Abteilung
der Stadtbücherei Saarbrücken (Richard Hilgers) und dem
Zentralarchiv der Frankfurter Neuen Presse (Hans Peter
Dieterich). Einen Zuschuß zu den Druckkosten gewährte
die Saarland Sporttoto GmbH.

Die Dokumente entstammen folgenden Publikationen:

Joseph Roth: 1894 – 1939,
Buchhändler-Vereinigung GmbH, Frankfurt/Main, 1979^2.

G. Unverferth/E. Kroker: Der Arbeitsplatz des Bergmanns
in historischen Bildern und Dokumenten, Bochum 1981^2.

Metz d'un siècle à l'autre,
Editions Trajectoire, Malzeville 1991.

Alfred Petto: An der Saar zu Haus,
Saarbrücken 1955, Foto: Fritz Mittelstaedt.

Gerd Meiser: Stahl aus Neunkirchen – Zur Geschichte
des Neunkircher Eisenwerkes, Saarbrücken 1982.

Heinz Lunzer & Victoria Lunzer-Talos:
Joseph Roth: Leben und Werk in Bildern, Köln 1994.

Die Aufnahmen von H. Wendel und A. Balabanoff
stammen aus dem »Archiv der sozialen Demokratie der
Friedrich-Ebert-Stiftung« (Bonn).

Nicht alle Rechteinhaber der Abbildungen konnten
ermittelt werden. Sie mögen sich mit dem Verlag in
Verbindung setzen.

Quellennachweis der Roth-Reportagen:

Joseph Roth. Werke. Bd. 2.
Das journalistische Werk 1924-1928
Hrsg. und mit einem Nachwort von Klaus Westermann
© 1990 by Verlag Kiepenheuer & Witsch Köln und
© 1990 by Verlag Allert de Lange, Amsterdam

ZUR REIHE »SPUREN«

»Immer mehr kommt unter uns daneben auf. Man achte
grad auf kleine Dinge, gehe ihnen nach. Was leicht und seltsam ist, führt oft am weitesten« (Ernst Bloch).

»Spuren« führen zu Vergessenem, Entlegenem, Verborge-
nem; sie vermitteln Entdeckungen, Begegnungen, Aus-
tausch. Und: Sie führen über Grenzen.
»Eine Spur, die das Auge vermißt, findet oft das Ohr«, weiß
der Volksmund.

In dieser Reihe sind Texte erschienen von Werner Reinert,
Hermann Hesse, Harald Gerlach, Theodor Balk, Ilya
Ehrenburg, Philippe Soupault und François-Régis Bastide.
Geplant sind Alfred Döblin, John Henry Mackay u.a.

Die Reihe wird herausgegeben von Ralph Schock.

Hermann Hesse

Autoren-Abend

Verlauf und Folgen der Lesung vom 22. April 1912

Eine Dokumentation
Mit unveröffentlichten Materialien
und einem Nachwort von Ralph Schock

116 Seiten, gebunden mit Schutzumschlag
(Derzeit vergriffen)

*»Ein wunderschönes, lesenswertes Bändchen, das
Hesse auch als einen Menschen vorstellt, der das
Mißverständnis letztlich doch gelassen nahm. – Eine
seiner schönsten Erzählungen.«*

Calwer Kulturmagazin

Harald Gerlach
Die völlig paradiesische Gegend
Auf Goethes Spuren zwischen Rhein, Saar und Mosel

Mit einer Spurensuche von Wulf Kirsten
und einer Nachbemerkung von Ralph Schock

176 Seiten, gebunden mit Schutzumschlag

»An diesem Büchlein wird deutlich: Gerlach war ein herausragender Essayist, ein Wissender um Landschaft und Dichterwerk. Welch Pech, daß man ihm jetzt sein Wissen nicht mehr abverlangen kann. Welch Glück, daß Ralph Schock dies nochmal getan hat.«

Thüringer Allgemeine Zeitung

Hier spricht die Saar
Ein Land wird interviewt
Drei Reportagen von Philippe Soupault, Theodor Balk
und Ilya Ehrenburg

Kommentiert und mit einem Nachwort von Ralph Schock

408 Seiten, gebunden mit Schutzumschlag

»An diesem Buch sollte niemand vorbeigehen, der die
Wahrheit über die Saar 1935 wissen will. Man liest
das Werk mit nicht nachlassender Spannung. Es sind
drei Reportagen ausländischer Schriftsteller, Journalisten, die damals an die Saar kamen. (…) Fotos des
berühmten Fotografen Robert Capa illustrieren den
sehr ansprechend aufgemachten Band.«

Sonntagsgruß

»…nicht nur für Historiker interessant. (…) Endlich
sind die Texte von Soupault und Ehrenburg auch auf
Deutsch zugänglich.«

Luxemburger Tageblatt

François-Régis Bastide
Wandererfanatasie
Roman
Aus dem Französischen von Eugen Helmlé
und Alfred Diwersy
Mit einem Nachwort von Gisela Wand

456 Seiten, gebunden mit Schutzumschlag

*»Im Zentrum des Romans, der seinen Titel Schuberts
Fantasie in C-Dur verdankt, steht neben der 68er
Generation das Jahr 1945/46, als der Autor französischer Kulturoffizier in Saarbrücken war. Er reist in
kulturpolitischer Mission durch Europa und wandert
in Gedanken 20 Jahre zurück in die Zeit seiner Liebe
zur deutschjüdischen Schauspielerin Lionne.*
*Die ebenso minutiösen wie lebhaften Schilderungen
der unmittelbaren Nachkriegszeit in Saarbrücken,
Erlebnisse des Pariser Mai 1968 und Begegnungen
mit historischen Persönlichkeiten wie Grandval,
General Kœnig und de Gaulle machen den Roman
zu einem hervorragenden Zeitdokument.«*
Eva Riggs, Buchprofile

Impressum

Roth, Joseph:
Briefe aus Deutschland : mit unveröffentlichten Materialien /
Joseph Roth. Hrsg. und mit einem Nachw. von Ralph Schock.
Merzig: Gollenstein, 1997
3. erg. Auflage 2008
NE: Schock, Ralph [Hrsg.]; Roth, Joseph: [Sammlung]

Alle Rechte vorbehalten
© 2008 Gollenstein Verlag GmbH, Merzig
www.gollenstein.de

Buchgestaltung C. Pom.
Satz Karin Haas
Schrift Lo Type und Life BQ
Papier Luxocream 100 g
Druck Merziger Druckerei und Verlag GmbH & Co. KG
Bindung Buchbinderei Schwind, Trier

Printed in Germany
ISBN 978-3-938823-23-1